LA VÉRITÉ

SUR LA CAMPAGNE DE 1815

LA VÉRITÉ

SUR

LA CAMPAGNE

DE 1815

PARIS
11, place Saint-André-des-Arts.

LIMOGES
46, Nouvelle route d'Aixe, 46.

IMPRIMERIE ET LIBRAIRIE MILITAIRES

Henri CHARLES-LAVAUZELLE

Éditeur

LA VÉRITÉ

SUR

LA CAMPAGNE DE 1815

On chercherait vainement dans l'histoire militaire un exemple d'une campagne aussi discutée et aussi diversement appréciée que celle de 1815 en Belgique. Le dossier de ce procès est immense, et dernièrement encore il vient de s'augmenter de deux publications nouvelles (1). Il semble que la matière devrait être épuisée depuis longtemps. Tous les historiens invoquent à l'envi leur conscience, leur bonne foi, leur respect de la vérité ; on devrait être à peu près d'accord et il n'en est rien cependant. Les opinions les plus contradictoires, les versions les plus opposées ont cours encore aujourd'hui. Pour ne citer que les deux études les plus récentes, l'une admet presque toutes les charges que des historiens hostiles ont accumulées contre Napoléon, l'autre arrive à des conclusions absolument contraires et de tous points favorables à l'Empereur.

Les deux écrivains paraissent sincères et de bonne foi ; mais ils voient les hommes et les choses à travers le prisme de l'amour-propre national qui produit des divergences singulières. C'est ainsi que la gravité des fautes commises par Wellington échappe au critique anglais, et qu'il accepte volontiers et sans contrôle les appréciations défavorables à l'Empereur. Par contre, l'œuvre du colonel La Tour-d'Auvergne nous offre un nouvel exemple de cette influence magique, de ce mirage que le génie de Napoléon exerce sur

(1) Lieutenant-colonel Chesney : *Waterloo*, 1870.
Lieutenant-colonel de La Tour-d'Auvergne : *Waterloo*, 1870.

presque tous les historiens français. On se refuse à croire que le grand homme ait pu se tromper et, avec cette idée préconçue, on invoque, pour les besoins de la cause, des instructions verbales qui n'ont jamais existé, qui sont en contradiction formelle avec les documents authentiques.

Il faudrait cependant en prendre son parti. Napoléon n'est pas infaillible ; les grands capitaines sont soumis comme les autres hommes aux lois naturelles. Étant donné le nombre et la difficulté des problèmes qu'ils ont eu à résoudre, il faut admettre que la solution adoptée par eux n'a pas été toujours la meilleure. Mais si nous repoussons les admirations exclusives, les apologies absolues, on verra bien d'un autre côté que nous savons rester dans la mesure du juste et du vrai, et que nous n'hésitons pas à mettre à nu le mensonge, quelle que soit son origine.

Au reste, et c'est ici une observation essentielle, l'impartialité la plus scrupuleuse ne saurait suffire dans un débat de cette importance. Il est une condition bien autrement difficile à remplir. Pour juger les grandes opérations militaires, il faudrait s'élever en quelque sorte jusqu'au niveau qu'ont atteint les généraux les plus illustres ; eux seuls, en effet, ont connu la vraie méthode et on la chercherait en vain dans les livres. C'est dire qu'à ce point de vue la critique militaire n'existe pas. Les controverses sans fin et les jugements pour la plupart erronés auxquels la campagne de 1815 a donné lieu vont nous en fournir une preuve frappante.

Après cela, on nous demandera peut-être comment nous osons aborder une tâche aussi difficile. La réponse est dans les pages qui suivent. Le lecteur saura les apprécier.

CHAPITRE Iᵉʳ.

Les cantonnements des armées alliées en Belgique s'étendaient entre la Meuse et l'Escaut sur un front de 160 kilomètres et sur une profondeur d'environ vingt lieues. L'armée anglo-hollandaise occupait l'espace compris entre les routes de Bruxelles à Gand et de Bruxelles à Charleroi, ayant ses quartiers généraux de corps d'armée à Ath et à Braine-le-Comte, sa réserve à Bruxelles, ses avant-postes sur l'extrême frontière.

L'armée prussienne était cantonnée sur les rives de la Sambre et de la Meuse de Liège à Charleroi. Elle comprenait 117,000 combattants répartis en quatre corps d'armée ayant leurs quartiers généraux à Charleroi, Namur, Ciney et Liège. Le grand quartier général était à Namur.

On peut aisément se convaincre que les dispositions adoptées pour ces cantonnements sont essentiellement fautives. Les deux armées occupaient chacune un front de vingt lieues et presque autant d'espace en profondeur. Il leur fallait au moins deux jours pour se concentrer sur l'une des ailes. Dans ces circonstances, une attaque brusque et par surprise, qu'il fallait prévoir en présence d'un adversaire tel que Napoléon, pouvait amener des conséquences désastreuses. L'erreur est manifeste, et cependant le duc de Wellington n'a jamais voulu la reconnaitre; mais les motifs invoqués ne servent qu'à mettre en évidence les faux principes du général anglais en ce qui touche aux hautes questions de l'art de la guerre.

Au lieu de disposer ses forces en prévision d'une attaque, Wellington sacrifie le but principal à des objets secondaires et se préoccupe uniquement de protéger le territoire belge et de maintenir ses communications avec Anvers et la mer du

Nord. La pénurie des subsistances est un autre prétexte banal, inadmissible. Dans un pays aussi riche, aussi peuplé que la Belgique et avec les ressources financières de la coalition, il eût été facile de prendre des cantonnements beaucoup plus rapprochés, et il eût été sage de le faire dès qu'on put craindre une attaque, c'est-à-dire vers la fin du mois de mai.

Mais les généraux alliés avaient pleine confiance dans leurs dispositions et se croyaient à l'abri de toute surprise ; en apprenant les mouvements de l'armée française, Wellington reste dans ses cantonnements sous prétexte de voir se dessiner le plan d'attaque, nouvelle faute qui aggravait encore la situation. Dans l'hypothèse qui se réalisait, il avait été convenu que l'armée anglaise se rassemblerait entre Gosselies et Marchienne, l'armée prussienne entre Sombreffe et Charleroi.

On n'a pas de peine à comprendre que les points de concentration doivent être choisis de telle sorte qu'on puisse les occuper avant l'arrivée de l'ennemi. Or, les positions étudiées remplissaient si peu le but que, *dans la soirée du 15 juin,* il n'y avait encore au rendez-vous qu'un corps prussien et une division de l'armée anglo-hollandaise, tandis que le même jour, vers midi déjà, deux colonnes françaises, fortes l'une de 40, l'autre de 60,000 hommes débouchaient sur le terrain par les ponts de Charleroi et de Marchienne.

CHAPITRE II.

LE PLAN DE CAMPAGNE DE NAPOLÉON.

Napoléon, résolu à prendre l'offensive en Belgique, avait le choix entre trois lignes d'opérations principales ; il pouvait déborder la gauche ou la droite des armées alliées ou percer leur centre.

Dans les deux premiers cas, les deux armées restaient réunies et, en les pressant ainsi l'une sur l'autre, on ne faisait pour ainsi dire que hâter leur concentration commune. L'Empereur adopta le parti de couvrir ses mouvements par la Sambre et de déboucher à l'improviste sur le centre de la ligne afin de séparer et de combattre successivement les deux armées ennemies. Ce plan, comme il le dit lui-même, fut conçu et exécuté avec audace et sagesse et, « malgré sa non-réussite, tout homme de sens conviendra qu'en pareille situation ce serait encore celui qu'il faudrait suivre ».

Le duc de Wellington a cependant émis un avis contraire. D'après lui, — et c'est là sans nul doute une appréciation erronée, — Napoléon aurait dû déborder la droite de l'armée anglaise; en outre, le général anglais ne faisait pas entrer dans ses prévisions l'éventualité d'une attaque par la vallée de la Sambre, et sur ce point encore, l'événement lui a donné tort de la manière la plus formelle.

Les mouvements de concentration des troupes françaises vers la Sambre furent sans doute très habilement combinés, et cependant, malgré les dires de Napoléon et de certains historiens, la surprise n'eut qu'un succès partiel; le 14, et même le 13, on savait au quartier général de l'armée anglaise que des rassemblements de troupes s'effectuaient dans le voisinage de Maubeuge. Le maréchal Blücher recevait lui-même, dans l'après-midi du 14, un premier avis assez vague, il est vrai, et un autre très précis dans la soirée; on conçoit en effet combien il est difficile de cacher des mouvements de troupes aussi considérables et, dans la soirée du 14, les feux des bivouacs français qu'on s'était efforcé de dissimuler derrière des monticules (1) étaient nettement visibles des avant-postes ennemis. « Quiconque a fait une campagne, dit la relation prussienne, sait par expérience que des feux de ce genre allumés en plein air se voient de fort loin, et toutes les précautions du monde sont bien inutiles. »

_____

(1) Napoléon, *Mémoires.*

On a dit et répété qu'il entrait dans les combinaisons de l'Empereur d'attaquer d'abord l'armée prussienne (1). C'est là une assertion gratuite et même contraire à la vérité. Voici en effet la pensée de l'Empereur clairement exprimée dans ses instructions du 16 juin aux maréchaux Ney et Grouchy :

« Si l'ennemi est à Sombreffe, je veux l'attaquer, je veux même l'attaquer à Gembloux et m'emparer de cette position, *mon intention étant, après avoir reconnu ces deux positions, de partir cette nuit et d'opérer avec mon aile gauche sur les Anglais..... Toutes les données que j'ai sont que les Prussiens ne peuvent pas nous opposer plus de 40,000 hommes.* » (Au maréchal Grouchy.)

« Mon intention est qu'immédiatement après que j'aurai pris mon parti, vous soyez prêt à marcher sur Bruxelles ; je vous appuierai avec la garde qui sera à Fleurus ou à Sombreffe et je désirerais arriver à Bruxelles demain matin. » (Au maréchal Ney.)

On voit que l'Empereur ne s'attendait pas à une résistance sérieuse le 16 juin, et que son intention était d'opérer dans la soirée *contre les Anglais*. Les *Mémoires* de Sainte-Hélène ont contribué sans doute à propager l'erreur que nous venons de signaler ; mais on sait qu'ils ont été écrits sur la leçon des événements et que la vérité y a été souvent altérée dans le but d'établir l'infaillibilité militaire de Napoléon. Pour ce qui nous occupe en ce moment, il est prouvé que la version admise par tous les historiens est manifestement en désaccord avec les documents officiels de la campagne.

Dans ses *Principes de stratégie*, le général Berthaut discute le plan de campagne adopté par Napoléon en 1815.

L'attaque sur le centre lui semble justifiée d'après la position des forces ennemies qui occupaient selon lui un développement de *vingt* lieues ; il pense au contraire qu'il aurait

---

(1) Jomini, Thiers, Charras, Quinet, etc...

fallu agir contre l'aile gauche si la situation eût été celle de l'armée de Cobourg en 1794.

Or, les alliés, en 1815, s'étendaient sur un front de *quarante* lieues et occupaient, comme l'armée de Cobourg en 1794, le pays compris entre la Meuse et l'Escaut. On avouera que ce sont là des erreurs de fait bien étranges.

CHAPITRE III.

LES FRANÇAIS LE 15 JUIN.

L'armée française destinée à opérer en Belgique comprenait les 1er, 2e, 3e, 4e et 6e corps d'infanterie, la garde impériale et quatre corps de réserve de cavalerie formant un effectif total de 128,000 hommes avec 344 bouches à feu.

Les armées alliées présentaient ensemble une force de 222,000 hommes et 508 bouches à feu. On voit par là combien la lutte était inégale.

Le 14 juin, les différents corps français se rassemblèrent entre Sambre et Meuse, vis-à-vis Charleroi, sur l'extrême frontière :

Dans la soirée, l'armée bivouaqua dans trois directions :

La gauche, comprenant les 1er et 2e corps, à Leers-Fosteau et Sobre-sur-Sambre ;

Le centre, formé des 3e, 6e corps, garde et réserves de cavalerie, autour de Beaumont ;

La droite, composée d'une division de cuirassiers et du 3e corps, en avant de Philippeville.

Les trois colonnes devaient se mettre en marche et converger vers Charleroi, sur la Sambre.

La gauche s'ébranla d'après l'ordre à 3 heures du matin. A peine sorti de ses bivouacs, le 2e corps donna sur les avant-postes prussiens et les culbuta. L'ennemi se replia sur Thuin qu'il abandonna après une courte résistance ; il essaya encore de tenir à Montigny-le-Tilleul, mais les charges de notre cavalerie le rejetèrent en désordre sur Marchienne. Le pont de la Sambre fut enlevé et le 2e corps vint se former à une lieue en avant de Marchienne, dans la direction de Jumet, appuyant sa droite à la chaussée de Charleroi. Le général Reille se conformait à un ordre de l'Empereur daté de 8 h. 1/2 du matin.

« *A monsieur le comte Reille, commandant le 2ᵉ corps d'armée.*

» Bivouac de Jumignon, 8 h. 1/2 du matin.

» L'Empereur m'ordonne de vous écrire de passer la Sambre, si vous n'avez pas de forces devant vous, et de vous former sur plusieurs lignes à une ou deux lieues en avant, de manière à être à cheval sur la grande route de Bruxelles, en vous éclairant fortement dans la direction de Fleurus. M. le comte d'Erlon passera à Marchienne et se formera en bataille sur la route de Mons à Charleroi où il sera à portée de vous soutenir au besoin.

» Si vous êtes encore à Marchienne lorsque le présent ordre vous parviendra et que le mouvement par Charleroi ne pût avoir lieu, vous l'opéreriez par Marchienne, mais toujours pour remplir les dispositions ci-dessus.

» L'Empereur sera devant Charleroi. Rendez compte immédiatement à Sa Majesté de vos opérations et de ce qui se passe devant vous.

» *Le Major général,* Duc de Dalmatie. »

Au centre de l'armée, le général Pajol formait l'avant-garde avec le 1ᵉʳ corps de cavalerie et la division Domont. Près de Ham-sur-Heure, il rencontra les avant-postes prussiens, les sabra et leur fit 200 prisonniers. Vers 8 heures, il arrivait devant Charleroi. Le corps de Vandamme devait suivre et se mettre en marche à 3 heures ; mais, à 6 heures, il était encore dans ses bivouacs. L'officier porteur du message avait fait une chute de cheval et n'avait pu remplir sa mission.

Informé de l'immobilité du 3ᵉ corps, l'Empereur fit prendre un chemin de traverse à la jeune garde qui arriva devant

Charleroi un peu avant midi. Les Prussiens se retirèrent à son approche. Pajol traversa Charleroi, suivi par la jeune garde.

A l'aile droite, le général Gérard, retardé par une de ses divisions qui avait bivouaqué à trois lieues en arrière de Philippeville, n'avait pu se mettre en marche qu'à 5 heures. En route, il reçut l'ordre d'appuyer à droite et de gagner le pont de Châtelet, à 6 kilomètres environ en aval de Charleroi. L'avant-garde n'arriva sur la Sambre que vers 5 heures du soir.

L'Empereur ordonna au général Reille de marcher sur Gosselies et d'y attaquer un corps ennemi qui paraissait vouloir s'y arrêter. Le général d'Erlon devait appuyer les opérations du 2º corps :

> *A monsieur le comte d'Erlon,*

> *» En avant de Charleroi, 3 heures du soir,*

» L'Empereur ordonne à M. le comte Reille de marcher sur Gosselies et d'y attaquer un corps ennemi qui paraissait s'y arrêter. *L'intention de l'Empereur est que vous marchiez aussi sur Gosselies, pour appuyer le comte Reille et le seconder dans ses opérations.*

Cependant, vous devez toujours faire garder Marchienne et vous enverrez une brigade sur les routes de Mons, lui recommandant de se garder très militairement.

> *» Le Major général. »*

La division Steinmetz du corps de Zieten occupait Gosselies ; mais, à la vue des forces considérables qui se déployaient, les Prussiens n'attendirent pas le choc et se replièrent sur Fleurus, abandonnant la route de Bruxelles.

Il était 5 heures. Le maréchal Ney, qui arrivait en ce moment, prit le commandement de l'aile gauche. Il fit avancer les divisions Piré et Bachelu sur la route de Bruxelles et il ordonna à la division Girard de suivre les Prussiens sur Fleurus. Les divisions Foy et Guilleminot furent laissées en réserve à Gosselies.

Vers 6 h. 1/2, le général Piré rencontra les premières troupes de l'armée anglaise à Frasne, village situé à 10 kilomètres de Gosselies. C'était la brigade de Nassau, placée provisoirement sous le commandement du colonel prince Bernard de Saxe-Weimar. Le maréchal Ney vint reconnaître lui-même la position de l'ennemi, qui faisait bonne contenance. La cavalerie française fit replier le bataillon qui occupait les abords du village ; il était plus de 8 heures et le jour tirait à sa fin. Le maréchal Ney ne poussa pas au delà de Frasne.

Au centre, le corps de Vandamme, qui achevait de déboucher de Charleroi, vers 3 heures, s'était porté sur Gilly, précédé par la cavalerie de Pajol et d'Excelmans. La division Pirch II occupait les hauteurs qui dominent le ruisseau au delà de Gilly. En arrivant sur le terrain, l'Empereur ordonna lui-même les dispositions d'attaque; mais l'ennemi se replia presque aussitôt. Les troupes françaises arrêtèrent leur mouvement à une demi-lieue en deçà de Fleurus.

L'armée bivouaqua dans l'ordre suivant : le 2e corps, une division à Frasne, une à Wangenies, deux à Gosselies; le 1er corps échelonné entre Jumet et Marchienne; au centre, Grouchy et Vandamme, entre Gilly et Fleurus ; l'infanterie de la garde de Gilly à Charleroi; Lobeau et les cuirassiers de Kellermann et de Milhaud, en arrière de la Sambre ; le 4e corps en avant de Châtelet.

CHAPITRE IV.

LES ALLIÉS LE 15 JUIN.

Le maréchal Blücher reçut, dans l'après-midi du 14, un premier avis lui annonçant l'approche de forces considérables vers la Sambre; il ordonna aussitôt au plus éloigné de ses lieutenants, à Bulow, de concentrer ses troupes et de se porter sur Hannut en un jour de marche. Dans la soirée, le général Ziéten fit connaître qu'on apercevait distinctement les feux de bivouac de l'armée française à Leers-Fosteau et à Beaumont. Vers 11 heures, Blücher écrivit à ses commandants de corps de marcher sur Sombreffe où il voulait concentrer son armée dans la journée du 16.

Le 15 au soir, le corps de Zieten occupait Ligny et Saint-Amand, ses avant-postes vers Fleurus. Le 2e corps (Pirch 1er) avait une division près de Namur, les trois autres au Mazy, à 6 kilomètres de Sombreffe. Le 3e corps (Thielmann) était réuni à Belgrade, à une lieue en avant de Namur. Par suite d'une fausse interprétation de l'ordre reçu, le corps de Bulow se trouvait encore fort en arrière entre Liège et Hannut.

Ces mouvements étaient conformes au plan convenu avec le chef de l'armée anglaise. Le 15 déjà, vers 4 heures, Blücher parcourait les hauteurs de Lygny et de Saint-Amand où il voulait établir sa ligne de bataille et, le soir, il installait son quartier général à Sombreffe.

La conduite du duc de Wellington forme un frappant contraste avec celle de son collègue. Prévenu dans la matinée du 15 déjà, vers 9 heures, le général anglais ne prend aucune disposition. Les informations se succèdent dans la journee, Vellington reste impassible; enfin, vers 9 heures du soir, il se contente d'ordonner le rassemblement des troupes par division; les troupes qui occupaient la chaussée de Bruxelles à Charleroi devaient se replier sur Nivelles.

D'après de nouveaux ordres envoyés dans la soirée, l'armée anglaise aurait occupé une étendue de 7 lieues, d'Enghien à Nivelles par Braine-le-Comte, son extrême gauche à plus de 5 lieues de Sombreffe.

Au lieu de diriger toutes ses forces sur la gauche et vers Gosselies, le général anglais manœuvrait à contre-sens et compromettait gravement l'armée prussienne. Heureusement pour lui, ses lieutenants montrèrent plus de pénétration. Le prince Bernard de Saxe-Weimar porta sa brigade aux Quatre-Bras; et, en l'absence du prince d'Orange, le chef d'état-major du 1er corps, le général Constant de Rebecque, prit sur lui d'approuver ce mouvement et prescrivit même au général Perponcher, contrairement aux ordres du général en chef, d'appuyer la brigade du prince Bernard avec le reste de sa division.

Vers 11 heures du soir, des renseignements précis arrivèrent de tous côtés au quartier général de l'armée anglaise et de nouvelles instructions furent adressées aux commandants de corps; mais il fallait plusieurs heures avant qu'elles parvinssent à destination et, pour nous servir des expressions mêmes d'un auteur anglais, le colonel Chesney, « toute la nuit du 15 s'était écoulée sans qu'un homme de l'armée de Vellington eût fait un pas vers l'ennemi, sauf les troupes hollando-belges qui s'étaient concentrées sans ses ordres. »

CHAPITRE V.

OBSERVATIONS SUR LES OPÉRATIONS DES FRANÇAIS LE 15 JUIN.

Napoléon dit, dans ses *Mémoires*, « que les manœuvres du 15 juin avaient réussi à souhait, que les deux armées étaient surprises, leurs communications déjà fort gênées ; qu'il était placé entre elles, maître désormais de les attaquer en détail ; qu'il ne leur restait, pour éviter ce malheur, le plus grand de tous, que le parti de céder le terrain et de se réunir sur Bruxelles ou au delà ». Il est vrai qu'il s'est contredit plus tard, invoquant des pertes de temps bien fâcheuses; mais c'est là une rectification imaginée après coup pour les besoins de la cause. Le premier témoignage spontané et désintéressé résume bien la situation; la journée avait été satisfaisante.

Qu'on lise les principales relations de la campagne de
1815 et l'on y trouvera presque invariablement et dans des
termes à peu près identiques une dissertation savante sur le
triangle de Fleurus (1), sur l'importance des deux positions
de Sombreffe et des Quatre-Bras. C'est le général Jomini
qui a fait cette découverte stratégique admise ensuite par
tous les historiens. Il est évident, dit-on, qu'un simple coup
d'œil jeté sur la carte indique que Napoléon avait un intérèt
majeur à s'emparer, le 15 juin, de la chaussée de Namur à
Nivelles qui formait, par Sombreffe et les Quatre-Bras la
ligne de communication des alliés. « Cette marche, ajoute le
colonel Charras, Napoléon l'avait résolue; elle était le but de
la première journée de la campagne. »

S'il en est ainsi, comment expliquer le témoignage du
major général, du maréchal Soult, que l'auteur invoque plus
loin à l'appui de sa thèse : « L'Empereur *n'a pas eu la pensée*
d'occuper les Quatre-Bras le 15 juin au soir et n'en a pas
donné l'ordre » ?

Si l'occupation des Quatre-Bras et de Sombreffe était le
but de la journée, comment se fait-il que ces noms, qui auraient
du servir de mots d'ordre, ne figurent nulle part dans les
instructions très détaillées et très précises que l'Empereur
adresse à ses lieutenants (2)?

Après son entrevue avec le maréchal Ney, c'est-à-dire
vers 4 h. 1/2, l'Empereur fait écrire de nouveau au général
d'Erlon :

« L'intention de l'Empereur est que vous ralliiez votre corps
sur la rive gauche de la Sambre, *pour joindre le* 2e *corps à
Gosselies,* d'après les ordres que vous *donnera* à ce sujet
M. le maréchal prince de la Moskowa.

» Ainsi, vous rappellerez les troupes que vous avez laissées
à Thuin, à Solre et aux environs ; vous devez cependant

---

(1) Charleroi, Sombreffe, Les Quatre-Bras.
(2) Voir les ordres déjà cités pages 12, 13 et 17 et ceux qui suivent.

avoir de nombreux partis sur votre gauche pour éclairer la route de Mons.

» *Le Major général.* »

Cet ordre, en raison de l'heure avancée, ne pouvait recevoir son entière exécution que vers la fin du jour, et il indique clairement Gosselies comme terme de l'étape. En portant une avant-garde à Frasne, c'est-à-dire à 10 kilomètres au delà de Gosselies, le maréchal Ney a donc largement rempli son programme.

L'Empereur, de son côté, n'a pas jugé à propos de pousser jusqu'à Sombreffe, puisque la colonne qu'il conduisait lui-même a fait halte à une demi-lieue en deçà de Fleurus. On voit qu'il ne se montre guère soucieux de réaliser l'idée stratégique que les historiens lui prêtent si bénévolement. Comme il fallait une explication, on a dit que l'Empereur avait renoncé à son projet en raison du retard de ses colonnes (1). Il est vrai que, dans l'après-midi du 15, les corps de Gérard et de d'Erlon se trouvaient encore fort en arrière; mais ces retards étaient prévus. Le 1er corps a été employé en grande partie à des opérations spéciales à Solre, à Thuin, à Marchienne, sur les routes de Mons. D'après l'ordre général de mouvement, le corps de Gérard devait converger vers Charleroi où il n'aurait pu passer la Sambre qu'après la colonne du centre, c'est-à-dire fort tard dans la soirée (2). Vers 4 heures dans l'après-midi du 15, Napoléon disposait de 60,000 hommes environ sur la rive gauche de la Sambre; c'était plus qu'il ne lui en fallait pour avancer s'il l'eût jugé nécessaire ou même opportun.

---

(1) Charras, Chesney, la Tour d'Auvergne.

(2) « Le 4e corps (armée de la Moselle) a reçu ordre de prendre position aujourd'hui en avant de Philippeville. *Si son mouvement est opéré et si les divisions qui composent ce corps d'armée sont réunies*, M. le lieutenant-général Gérard les mettra en marche demain à 3 heures du matin, et les dirigera sur Charleroi. » (Beaumont, 14 juin. — Ordre de mouvement pour le 15.)

Dans la soirée, le maréchal Ney se rend à Charleroi et confère avec l'Empereur jusqu'à 2 heures du matin. A son retour à Gosselies, il n'avait pas encore reçu mission d'occuper les Quatre-Bras ; car ce fait ne saurait se concilier avec les dépêches officielles qui suivent.

Le 16, de bonne heure, avant d'expédier les ordres définitifs pour la journée, le major général écrit au commandant de l'aile gauche :

« Veuillez m'instruire *si le 1ᵉʳ corps a opéré son mouvement* et quelle est ce matin la position exacte des 1ᵉʳ et 2ᵉ corps et des deux divisions de cavalerie qui y sont attachées, en me faisant connaître ce qu'il y a d'ennemis devant vous et ce qu'on a appris. »

Pas un mot, pas la moindre allusion aux Quatre-Bras. L'Empereur demande, et c'est là son unique préoccupation, si les ordres de la veille ont été exécutés, si le 1ᵉʳ corps a rallié le 2ᵉ à Gosselies (1). On dirait qu'il a comme un pressentiment que le général d'Erlon pourra lui faire défaut à l'heure décisive.

Enfin, les instructions définitives adressées aux maréchaux Ney et Grouchy pour la journée du 16 indiquent qu'aucun ordre de mouvement ne les avait précédées :

« L'Empereur ordonne *que vous mettiez en marche* les 1ᵉʳ et 2ᵉ corps d'armée, ainsi que le 3ᵉ corps de cavalerie qui a été mis à votre disposition *pour les diriger* sur l'intersection des chemins dits les Trois-Bras (2) (route de Bruxelles) *où vous leur ferez* prendre position.

» Je vous prie de me mettre de suite à même de rendre compte à l'Empereur *de vos dispositions pour exécuter l'ordre que je vous envoie.* » (Au maréchal Ney.)

Ces instructions parvinrent au maréchal entre 10 *et* 11 *heures.*

---

(1) Voir page 425.
(2) Quatre-Bras.

C'est donc à tort qu'on a attribué à l'Empereur l'intention d'occuper Sombreffe et les Quatre-Bras, le 15 juin au soir ; nous venons de voir, au contraire, qu'aucun ordre n'a été donné à ce sujet ni dans la soirée, ni dans la nuit, ni même le 16 de bonne heure. Et voici, d'après les documents authentiques, comment il nous semble qu'on doit interpréter la pensée et les projets du grand capitaine.

Des bivouacs du 14 juin à Charleroi sur la Sambre, la distance est d'environ 7 lieues. En 1815, il n'existait dans ce pays aucune chaussée. Le mauvais état des chemins était tel, que le duc de Wellington les considérait comme impraticables. D'après l'ordre général de mouvement comme aussi d'après les instructions adressées dans la matinée aux commandants de corps, les trois colonnes devaient se réunir devant Charleroi, afin de briser la résistance éventuelle de l'ennemi sur la Sambre. Il est aisé de concevoir les difficultés d'une telle opération, surtout l'encombrement qui devait fatalement se produire au point de convergence de l'armée.

Dans ces conditions, une marche de 8 à 9 lieues, compliquée d'un passage de rivière de vive force, constituait une tâche extrêmement pénible ; l'abandon du pont de Marchienne et la faible résistance de l'ennemi à Charleroi devaient permettre sans doute de gagner un peu plus de terrain qu'on n'aurait pu l'espérer tout d'abord ; mais, pour atteindre la chaussée de Nivelles, il aurait fallu franchir une distance de 11 *lieues en combattant*. Cette marche abusive, exténuante, Napoléon ne l'a jamais résolue ; il s'est arrêté à 2 lieues de Sombreffe et ses instructions aux commandants du 1er et du 2e corps désignent Gosselies comme terme de l'étape pour l'aile gauche.

Vraisemblablement, les positions des Quatre-Bras et de Sombreffe n'avaient pas, aux yeux de Napoléon, les propriétés merveilleuses que les historiens se plaisent à leur attribuer, et il faut croire aussi que sa méthode n'est pas

celle qu'enseignent les professeurs (1). Au lieu de précipiter
ses troupes vers la chaussée de Nivelles, l'Empereur leur
fait faire des haltes fréquentes, des déploiements successifs.
Ce qui le préoccupe, ce n'est ni Sombreffe, ni les Quatre-
Bras, mais bien l'ennemi. Il voudrait, comme du temps de
la guerre heureuse, débuter par un succès dès le premier
jour afin de faire pencher en sa faveur la balance des forces
morales. Mais, plus habile qu'autrefois, l'ennemi se dérobe.
En voyant le général Zieten lui échapper encore près de
Gilly, l'Empereur considère la journée comme terminée et
rentre à Charleroi. Les troupes étaient épuisées de fatigue ;
elles venaient de faire une marche forcée de 9 lieues par
une chaleur suffocante. Malgré quelques mécomptes comme
il en arrive toujours à la guerre, l'Empereur devait être
satisfait.

La haute importance stratégique des Quatre-Bras et de
Sombreffe n'existe en effet que dans l'imagination des historiens. Pour s'en convaincre, il suffit de faire réflexion que
le pays, riche et bien cultivé, est sillonné en tous sens par
des voies charretières qui rendent les communications très
faciles. Privés de la chaussée de Nivelles, les alliés auraient
pu se réunir plus en arrière, comme ils l'ont fait du reste
le 18, en empruntant de simples chemins de culture. Le succès des manœuvres de l'Empereur était basé sur l'état de
dispersion des deux armées ennemies qui ne pouvaient être
en mesure de livrer bataille au plus tôt que le 17. Si donc
elles essayaient de faire leur jonction le 16 par la chaussée

---

(1) « Ney s'arrêta devant la route ouverte des Quatre-Bras, c'est-à-dire
devant la fortune de la France qui était là et qu'il eût, en étendant la
main, infailliblement saisie. » (THIERS.)

« Le plan de campagne de Napoléon exigeait, le 16 juin, plus impé-
rieusement encore, s'il est possible, que l'armée française allât se sai-
sir rapidement de la grande communication des Anglo-Hollandais et
des Prussiens à Sombreffe et aux Quatre-Bras. » (CHARRAS.)

« La nécessité, l'indispensable nécessité, c'était, répétons-le, de marcher sur-le-champ aux Quatre-Bras et à Sombreffe. » (CHARRAS.)

de Nivelles, c'était là une éventualité qui n'avait rien d'inquiétant, bien au contraire. Dès lors, il importait peu d'occuper Sombreffe et les Quatre-Bras le 15 juin au soir ou même le 16 de grand matin. L'opportunité de cette mesure est même contestable, et ce n'est pas sans raison que l'Empereur s'est défendu à Sainte-Hélène d'avoir voulu occuper Sombreffe dans la soirée du 15. Une situation plus *accentuée* aurait pu provoquer la retraite des alliés sur Wavre et Bruxelles, ce qui eût fait perdre au général français tout le fruit de ses manœuvres.

Dans ses *Leçons de Stratégie*, le général Berthaut dit que, le 15 juin, Napoléon mit l'armée en marche en *deux* colonnes qui traversèrent la Sambre à Charleroi et à Marchienne. L'auteur paraît ignorer que la marche se fit en *trois* colonnes et que le 4e corps, commandé par le général Gérard, passa la Sambre à Châtelet.

CHAPITRE VI.

16 JUIN. — LIGNY. — LES QUATRE-BRAS.

Après le retour des reconnaissances, vers 8 heures du matin, l'Empereur adressa aux maréchaux Ney et Grouchy ses instructions définitives pour la journée du 16.

Au maréchal Ney :

« Je vous envoie mon aide de camp, le général Flahault, qui vous porte la présente lettre. Le major général a dû vous donner des ordres, mais vous recevrez les miens plus tôt, parce que mes officiers vont plus vite que les siens. Vous recevrez l'ordre de mouvement du jour, mais je veux vous en écrire en détail, parce que c'est de la plus haute importance.

» Je porte le maréchal Grouchy avec les 3e et 4e corps d'infanterie sur Sombreffe. Je porte ma garde à Fleurus et j'y serai de ma personne avant midi. J'y attaquerai l'ennemi si je le rencontre et j'éclairerai la route jusqu'à Gembloux. Là, d'après ce qui se passera, je prendrai mon parti, peut-être à 3 heures après-midi peut-être ce soir. Mon intention est qu'immédiatement après que j'aurai pris mon parti, vous soyez prêt à marcher sur Bruxelles ; je vous appuierai avec la garde qui sera à Fleurus ou à Sombreffe et je désirerais arriver à Bruxelles demain matin. Vous vous mettriez en marche ce soir même, si je prends mon parti d'assez bonne heure pour que vous puissiez en être informé de jour et faire ce soir trois ou quatre lieues et être, demain, à 7 heures du matin, à Bruxelles.

» Vous pouvez donc disposer vos troupes de la manière suivante :

» 1re division à deux lieues en avant des Quatre-Chemins, s'il n'y a pas d'inconvénient ; six divisions d'infanterie aux Quatre-Chemins, et une division à Marbais, afin que je puisse l'attirer à moi à Sombreffe, si j'en avais besoin : elle ne retarderait pas, d'ailleurs, votre marche ; le corps du comte de Valmy, qui a 3,000 cuirassiers d'élite, à l'intersection du chemin des Romains et de celui de Bruxelles, afin que je puisse l'attirer à moi, si j'en avais besoin. Aussitôt que mon parti sera pris, vous lui enverrez l'ordre de venir vous rejoindre.

» Je désirerais avoir avec moi la division de la garde que commande le général Lefebvre-Desnoëttes, et je vous envoie les deux divisions du corps du comte de Valmy, pour la remplacer. Mais, dans mon projet actuel, je préfère placer le comte de Valmy de manière à le rappeler, si j'en avais besoin, et ne point faire faire de fausses marches au général Lefebvre-Desnoëttes, puisqu'il est probable que je me déciderai ce soir à marcher sur Bruxelles, avec la garde. Cependant, couvrez la division Lefebvre par les deux divisions de cavalerie de d'Erlon et de Reille, afin de ménager la garde et que, s'il y avait quelque échauffourée avec les Anglais, il est préférable que ce soit sur la ligne que sur la garde.

» J'ai adopté comme principe général, dans cette campagne, de diviser mon armée en deux ailes et une réserve. Votre aile sera composée des quatre divisions du 1er corps, des quatre divisions du 2e corps, de deux divisions de cavalerie légère et de deux divisions du corps de Valmy. Cela ne doit pas être loin de 45 à 50,000 hommes.

» Le maréchal Grouchy aura à peu près la même force et commandera l'aile droite.

» La garde formera la réserve, et je me porterai sur l'une ou l'autre aile, suivant les circonstances.

» Le major général donne les ordres les plus précis pour qu'il n'y ait aucune difficulté sur l'obéissance à vos ordres, lorsque vous serez détaché, les commandants de corps devant prendre mes ordres directement, quand je me trouve présent.

» Selon les circonstances, j'affaiblirai l'une ou l'autre aile en augmentant ma réserve.

» Vous sentez assez l'importance attachée à la prise de Bruxelles. Cela pourra donner lieu, d'ailleurs, à des accidents, car un mouvement aussi prompt et aussi brusque isolera l'armée anglaise de Mons, Ostende, etc.

» Je désire que vos dispositions soient bien faites pour qu'au premier ordre, vos huit divisions puissent marcher rapidement et sans obstacle sur Bruxelles. »

Au maréchal Grouchy.

« Je vous envoie Labédoyère, mon aide de camp, pour vous porter la présente lettre. Le major général a dû vous faire connaître mes intentions, mais comme il a des officiers mal montés, mon aide de camp arrivera peut-être avant.

» Mon intention est que, comme commandant l'aile droite, vous preniez le commandement du 3e corps que commande le général Vandamme, du 4e corps que commande le général Gérard, des corps de cavalerie que commandent les généraux Pajol, Milhaud et Excelmans, ce qui ne doit pas faire loin de 50,000 hommes. Rendez-vous avec cette aile droite à Sombreffe. Faites partir, en conséquence, de suite, les corps des généraux Pajol, Milhaud, Excelmans et Vandamme et, sans vous arrêter, continuez votre mouvement sur Sombreffe. Le 4e corps, qui est à Châtelet, reçoit directement l'ordre de se rendre à Sombreffe, sans passer par Fleurus. Cette observation est importante, parce que je porte mon quartier général à Fleurus et qu'il faut éviter les encombrements. Envoyez de suite un officier au général Gérard pour lui faire connaître votre mouvement et qu'il exécute le sien de suite.

» Mon intention est que tous les généraux prennent directement vos ordres ; ils ne prendront les miens que lorsque je serai présent. Je serai entre 10 et 11 heures à Fleurus. Je me rendrai à Sombreffe, laissant ma garde, infanterie et cavalerie, à Fleurus ; je ne la conduirais à Sombreffe qu'en cas qu'elle fût nécessaire. Si l'ennemi est à Sombreffe, je veux l'attaquer. Je veux même l'attaquer à Gembloux et m'emparer de cette position, mon intention étant, après avoir reconnu ces deux positions, de partir cette nuit et d'opérer, avec mon aile gauche, que commande le maréchal Ney, sur les Anglais. Ne perdez donc pas un moment, parce que plus vite je prendrai mon parti, mieux cela vaudra pour la suite de mes opérations. Je suppose que vous êtes à Fleurus ; communiquez constamment avec le général Gérard, afin qu'il puisse vous aider pour attaquer Sombreffe, s'il était nécessaire.

» La division Gérard est à portée de Fleurus ; n'en disposez pas à moins de nécessité absolue, parce qu'elle doit marcher toute la nuit. Laissez aussi ma jeune garde et toute mon artillerie à Fleurus.

» Le comte de Valmy, avec les deux divisions de cuirassiers, marche sur la route de Bruxelles. Il se lie avec le maréchal Ney pour contribuer à l'opération de ce soir, à l'aile gauche.

» Comme je vous l'ai déjà dit, je serai de 10 à 11 heures à Fleurus. Envoyez-moi des rapports sur tout ce que vous apprendrez. Veillez à ce que la route de Fleurus soit libre. Toutes les données que j'ai sont que les Prussiens ne peuvent pas nous opposer plus de 40,000 hommes. »

Le major général envoyait en même temps des ordres de mouvement aux commandants de l'aile gauche et de l'aile droite.

Vers 10 heures, une nouvelle dépêche était adressée au maréchal Ney, sur le rapport d'un officier de lanciers.

« Monsieur le maréchal,

» Un officier de lanciers vient de dire à l'Empereur que l'ennemi présentait des masses du côté des Quatre-Bras. *Réunissez les corps des comtes Reille et d'Erlon* et celui du comte de Valmy, qui se met à l'instant en route pour vous rejoindre ; avec ces forces vous devez battre et détruire tous les corps ennemis qui peuvent se présenter : Blücher était hier à Namur, et il n'est pas vraisemblable qu'il ait porté des troupes vers les Quatre-Bras ; ainsi, vous n'avez affaire qu'à ce qui vient de Bruxelles.

« Le maréchal Grouchy va faire le mouvement sur Sombreffe que je vous ai annoncé et l'Empereur va se rendre à Fleurus ; c'est là où vous adresserez vos nouveaux rapports à Sa Majesté. »

Le Major général.

Après l'envoi de cette dépêche, l'Empereur quittait Charleroi et arrivait à 11 heures sur le plateau de Fleurus. Les troupes de l'aile droite exécutaient leur mouvement sur Sombreffe. Le 6e corps restait provisoirement en réserve en avant de Charleroi.

Au même moment, Blücher disposait les troupes sur les

hauteurs de Saint-Amand, de Ligny et du Point-du-Jour. On sait que le corps de Bulow devait manquer au rendez-vous ; mais les troupes de Zieten, de Pirch et de Thielmann présentaient ensemble un effectif de 87,000 hommes et, avec cette force imposante, comptant d'ailleurs sur le secours que le duc de Wellington venait de lui promettre à l'instant même dans une entrevue au moulin de Bussy, le vieux maréchal attendait fièrement le choc de l'armée française.

Avant d'engager l'action, l'Empereur parcourut la ligne des vedettes et fit la reconnaissance du terrain et de l'ennemi. A 2 heures le major général écrivait au maréchal Ney :

En avant de Fleurus, 16 juin, 2 heures.

« L'Empereur me charge de vous prévenir que l'ennemi a réuni *un corps de troupes* entre Sombreffe et Bry et qu'à 2 h. 1/2 M. le maréchal Grouchy avec les 3e et 4e corps l'attaquera. »

» L'intention de Sa Majesté est que vous attaquiez aussi ce qui est devant vous et qu'après l'avoir vigoureusement pressé, vous vous rabattiez sur nous pour concourir à envelopper *le corps* dont je viens de vous parler. Si *ce corps* était enfoncé auparavant, alors Sa Majesté ferait manœuvrer dans votre direction pour hâter également vos opérations. »

» Instruisez de suite l'Empereur de vos dispositions et de ce qui se passe sur votre front. »

Les termes de ce message prouvent que l'Empereur n'avait pas reconnu la force réelle de l'ennemi. Il n'est question en effet que d'un corps de troupes dont on espère avoir facilement raison, tandis que c'est l'armée prussienne presque tout entière qui se trouve massée entre Saint-Amand et Sombreffe.

La bataille commença un peu après le moment fixé, c'est-à-dire vers 3 heures. L'action était déjà engagée depuis une demi-heure environ aux Quatre-Bras. Le maréchal Ney poussait devant lui les troupes hollandaises qui perdaient visiblement du terrain. Mais, vers 3 h. 1/2, l'entrée en ligne de la division anglaise Picton vint rétablir le combat. D'autres renforts arrivèrent successivement au duc de Wellington. N'ayant que 21,000 hommes contre 37,000, le maréchal Ney soutient jusqu'à la nuit une lutte inégale ; mais il ne put que maintenir sa position et il lui fut matériellement impossible d'exécuter les ordres qui lui prescrivaient de se rabattre sur les derrières de l'armée prussienne.

Vers 3 h. 1/4, l'Empereur lui adressait un nouveau message.

En avant de Fleurus, 16 juin, 3 h. 1/4.

« Je vous ai écrit il y a une heure que l'Empereur ferait attaquer l'ennemi à 2 h. 1/2 dans la position qu'il a prise entre le village de Saint-Amand et de Bry ; en ce moment, l'engagement est très prononcé.

» Sa Majesté me charge de vous dire que vous devez manœuvrer sur-le-champ, de manière à envelopper la droite de l'ennemi et tomber à bras raccourcis sur ses derrières ; cette armée est perdue si vous agissez vigoureusement. Le sort de la France est entre vos mains.

» Ainsi n'hésitez pas un instant pour faire le mouvement que l'Empereur vous ordonne et dirigez-vous sur les hauteurs de Bry et de Saint-Amand pour concourir à une victoire peut-être décisive. L'ennemi est pris en flagrant délit au moment où il cherche à se réunir aux Anglais. »

Une lutte furieuse s'était engagée autour des villages de Ligny et de Saint-Amand ; à 5 heures, l'Empereur disposait ses réserves dans le but de percer le centre de l'armée prussienne, lorsque le général Vandamme donna avis « qu'à une lieue vers la gauche, une colonne ennemie débouchait des bois et nous tournait en ayant l'air de se porter sur Fleurus. » (1) Le mouvement de la garde est aussitôt suspendu et un aide de camp envoyé en toute hâte au devant de la colonne suspecte. Une heure après, on apprenait que ces troupes prétendues ennemies n'étaient autres que le corps de d'Erlon. La manœuvre interrompue par cet incident est reprise et après une lutte acharnée, le plateau de Bussy tombe au pouvoir des Français ; l'ennemi se replie sur Bry et la chaussée de Nivelles ; mais l'obscurité ne devait pas permettre de mettre à profit les avantages obtenus. Trois bataillons prussiens bivouaquèrent au village de Bry à une portée de fusil des avant-postes français.

CHAPITRE VII.

16 JUIN. — COMMENTAIRES.

Les historiens reprochent à Napoléon, comme une faute grave, ses hésitations, ses lenteurs dans la matinée du 16. Le général Jomini en particulier dit que l'inaction de l'Empereur, le 16 au matin, restera toujours un problème pour ceux qui connaissent sa méthode. Un examen approfondi de la question va nous montrer que le problème n'est pas insoluble et nous permettre de découvrir les causes qui ont amené la halte de l'armée française près de Charleroi.

Les prétendus retards de la matinée du 16 s'expliquent et se justifient lorsqu'on suit le développement du plan de campagne, lorsqu'on saisit la liaison qui existe nécessairement entre les événements de la veille et le programme des opérations ultérieures.

D'après certains historiens, on aurait perdu sept heures, puisque le jour pointait à 3 heures du matin et qu'on ne fit aucun mouvement avant 10 heures, sauf en ce qui con-

---

(1) Gourgaud.

cerne le passage de la rivière (1). » On ajoute que « les troupes, prêtes à marcher dès le point du jour, s'étonnaient de
cette inaction. Toute l'armée aurait dû être en marche à
4 heures au plus tard (2). »

Pour en juger, rappelons en quelques mots les principales
circonstances de la marche du 15 juin. Les troupes françaises
avaient fait 9 lieues en moyenne « non pas sur une chaussée, mais sur des chemins de traverse, dans un pays boisé,
coupé, chargé de hautes moissons, elles avaient passé plusieurs défilés ; elles portaient quatre jours de vivres, cinquante
cartouches ; la chaleur était très vive ; leurs têtes de colonne
avaient eu à manœuvrer, à combattre çà et là, ce qui avait
dû diminuer leur temps de repos et ne leur laisser que des
haltes peu tranquilles (3). » Par suite, il faut croire les témoins
oculaires lorsqu'ils affirment que les troupes étaient épuisées (4). L'ennemi même avait été frappé de l'aspect fatigué
de nos fantassins et de nos chevaux le 15 juin au soir (5).

Les têtes de colonne de l'aile gauche et du centre avaient
fait *dix* lieues et n'avaient pu s'installer dans leurs bivouacs
qu'à la nuit tombante (6). Si l'on tient compte en outre du
temps employé à préparer et à prendre de la nourriture, on
concevra que ce n'est qu'à une heure assez avancée de la
nuit que les hommes purent se livrer au repos.

Après cela, est-il juste, est-il vrai de représenter les troupes
comme prêtes à marcher, comme impatientes dès le point
du jour, c'est-à-dire vers 3 heures du matin ?

---

(1) Chesney.

(2) Charras.

(3) Charras. — L'auteur a en vue les troupes de Reille ; mais la remar-
que s'applique également à celles de Vandamme, de Gérard et de
d'Erlon. (Voir Charras, tome II, note J, page 209.)

(4) Colonel Heymès.

(5) Prince Bernard de Saxe-Weimar. (Voir Charras, tome Ier, page
109, 5e édition.)

(6) C'est à dire vers *neuf* heures.

On ignore aussi sans doute que l'Empereur avait résolu pour la soirée et la nuit du 16 une marche aussi longue, aussi fatigante que celle de la veille.

« *Je désirerais arriver à Bruxelles demain matin*. Vous vous mettriez en marche ce soir même si je prends mon parti d'assez bonne heure pour que vous puissiez en être informé de jour ; faire ce soir trois ou quatre lieues *et être demain à 7 heures du matin à Bruxelles* (1). (Au maréchal Ney.)

« Mon intention est, après avoir reconnu ces deux positions (Sombreffe et Gembloux), *de partir cette nuit et d'opérer avec mon aile gauche sur les Anglais*. La division Gérard est à portée de Fleurus, n'en disposez pas à moins de nécessité absolue *parce qu'elle doit marcher toute la nuit* (2). » (Au maréchal Grouchy.)

D'après ce programme, l'armée française devait atteindre Bruxelles le 17 à 7 heures du matin. Or, de Bruxelles à Charleroi, il y a une distance de 55 kilomètres qui, ajoutée à celle de ce dernier point aux bivouacs du 14, *donne une moyenne de 80 kilomètres ou vingt lieues pour deux jours de marche*.

Nous sommes donc en droit de conclure que le repos de la matinée du 16 n'était que trop motivé par les fatigues de deux marches forcées de 10 lieues dont l'une avait précédé et dont l'autre devait suivre immédiatement la halte de Charleroi.

Personnellement, l'Empereur était resté seize heures à cheval dans la journée du 15, avait pris le soir trois ou quatre heures de repos, puis s'était levé à minuit pour conférer avec le maréchal Ney jusqu'à 2 heures et, après quelques instants donnés au sommeil, était encore debout à 5 heures dans la matinée du 16 (3).

---

(1) Voir page 431.

(2) Voir page 433.

(3) L'activité déployée par l'Empereur est appréciée ainsi qu'il suit par le colonel Charras : « Napoléon oubliait ses lenteurs, ses retards de la veille et du matin même ; il comptait sans la ténacité de Wellington, sans l'activité, l'audace de Blücher toujours jeune en dépit des années. *Souffrant, indécis, abattu, il jugeait les autres sur sa mesure*. »

Les historiens qui blâment la lenteur des opérations (1) méconnaissent les nécessités pratiques de la guerre et jugent d'après l'événement, tandis qu'on va pouvoir se convaincre que, si les ordres avaient été exécutés, la journée du 16 aurait été vraisemblablement décisive.

Il y a bien eu le 16 juin des hésitations, des retards funestes ; mais on ne saurait sans injustice les imputer à l'Empereur. Le coupable, la vérité nous oblige à le dire, c'est le général d'Erlon. On a écrit des volumes sur l'épisode des marches et contre-marches du 1er corps d'armée dans l'après-midi du 16, et cependant la discussion est loin d'être épuisée. Nous allons faire à ce sujet quelques remarques dont on saisira aisément l'importance.

Reproduisons d'abord textuellement la déposition du principal intéressé, du général d'Erlon. Voici comment il s'exprime dans une lettre adressée en 1829, au duc d'Elchingen, fils du maréchal Ney :

« Vers 11 heures ou midi, M. le maréchal Ney m'envoya l'ordre de faire prendre les armes à mon corps d'armée et de le diriger sur Frasne et les Quatre-Bras, où je recevrais des ordres ultérieurs. Mon armée se mit donc en mouvement immédiatement, et, après avoir donné l'ordre au général qui commandait la tête de la colonne de faire diligence, je pris l'avance pour voir ce qui se passait aux Quatre-Bras où le général Reille me paraissait engagé. Au delà de Frasne, je m'arrêtai avec des généraux de la garde où je fus joint par le général Labédoyère qui me fit voir une note au crayon qu'il portait au maréchal Ney et qui enjoignait au maréchal de diriger mon corps d'armée sur Ligny. Le géné-

---

(1) Les opérations étaient au contraire très rapides. « Vous sentez assez l'importance attachée à la prise de Bruxelles ; cela pourra donner lieu d'ailleurs à des accidents ; car *un mouvement aussi prompt et aussi brusque* isolera l'armée anglaise de Mons, Ostende. » (Napoléon au maréchal Ney.). Voir page 432.

ral Labédoyère me prévint qu'il avait déjà donné l'ordre pour ce mouvement en faisant changer de direction à ma colonne et m'indiqua où je pourrais la rejoindre. Je pris aussitôt cette route et envoyai au maréchal mon chef d'état-major, le général Delcambre, pour le prévenir de ma nouvelle destination. M. le maréchal Ney me le renvoya en me prescrivant impérativement de revenir sur les Quatre-Bras où il s'était très fortement engagé, comptant sur la coopération de mon corps d'armée. Je devais donc supposer qu'il y avait urgence, puisque M. le maréchal prenait sur lui de me rappeler quoiqu'il eût reçu la note dont j'ai parlé plus haut.

» J'ordonnai en conséquence à la colonne de faire contremarche ; mais malgré toute la diligence qu'on a pu mettre dans ce mouvement, ma colonne n'a pu paraître en arrière des Quatre-Bras qu'à l'approche de la nuit.

» Le général Labédoyère avait-il mission pour faire changer la direction de ma colonne avant que d'avoir vu M. le maréchal ? Je ne le pense pas ; mais, dans tous les cas, cette seule circonstance a été cause de toutes les marches et contre-marches qui ont paralysé mon corps d'armée pendant la journée du 16. »

D'après ce récit, confirmé par le témoignage du colonel Heymès [1], un officier du grand quartier général portait au maréchal Ney une note au crayon qui lui prescrivait de diriger le 1er corps d'armée sur Ligny ; mais, comme le fait observer le général d'Erlon, l'aide de camp de l'Empereur n'avait pas sans doute mission de faire changer de direction à la colonne avant d'avoir vu le maréchal Ney qui seul pouvait être juge de l'opportunité de ce mouvement ; car il fallait, avant tout, contenir les Anglais aux Quatre-Bras, les empêcher d'intervenir sur le champ de bataille de Ligny.

L'hypothèse, admise par plusieurs historiens [2], d'un

---

(1) Heymès, chef d'état-major du maréchal Ney.
(2) Thiers. — La Tour-d'Auvergne.

ordre formel, absolu au maréchal Ney ou au général d'Erlon doit être rejetée comme illogique et comme incompatible d'ailleurs avec les divers écrits de Sainte-Hélène (1).

Il est à peu près certain que le 1er corps fut détourné de sa route par le zèle mal entendu d'un officier d'ordonnance. Nous savons aussi que c'est sur les prescriptions impératives du maréchal Ney, transmises par le général Delcambre, que le 1er corps exécuta sa contre-marche (2).

Doit-on blâmer (3) le maréchal Ney pour avoir rappelé son lieutenant vers les Quatre-Bras? Non, sans doute; car la situation était grave à l'aile gauche, et l'on pouvait craindre, avec raison, un dénouement qui aurait compromis toute l'armée.

Le général d'Erlon est-il coupable (4) d'avoir obéi aux ordres de son chef immédiat? Pas davantage, à notre avis. « Je devais supposer, dit-il très judicieusement, qu'il y avait urgence, puisque M. le maréchal Ney prenait sur lui de me rappeler, quoiqu'il eût reçu la note dont j'ai parlé plus haut. »

Mais, après avoir reconnu que le mouvement du 1er corps vers la droite ne pouvait se faire rationnellement qu'avec l'assentiment du maréchal Ney, seul juge des nécessités de la situation aux Quatre-Bras, c'est une inconséquence singulière que d'accuser (5) l'Empereur de n'avoir pas disposé de ce corps d'armée contrairement aux ordres du commandant de l'aile gauche.

Il convient d'ailleurs de faire ici une observation essen-

---

(1) « A six heures et demie, Dejan vint annoncer que c'était le 1er corps d'armée. Napoléon ne put se rendre raison d'un tel mouvement » (Gourgaud.) Dans ses observations, l'Empereur ajoute: « Le maréchal Ney avait-il mal compris l'ordre de faire, *une fois maître des Quatre-Bras,* une diversion sur les derrières de l'armée prussienne? »

(2) Voir la lettre de d'Erlon, citée page 32.

(3) Thiers.

(4) Thiers. — La Tour-d'Auvergne.

(5) Charras.

tielle qui a échappé à tous les historiens. Le changement
de direction et la contre-marche ultérieure du 1er corps ne
suffisent pas à expliquer son absence sur l'un et l'autre des
deux champs de bataille. Une faute plus grave a été commise
et nous allons la découvrir en étudiant attentivement les
mouvements de ce corps d'armée.

D'après les déclarations du général d'Erlon et de l'un de
ses divisionnaires, le général Durutte, le 1er corps a quitté la
route de Bruxelles avant d'arriver à Frasne. Ce fait devien-
dra hors de contestation si l'on observe que Frasne n'est
qu'à 2 kilomètres environ du champ de bataille des
Quatre-Bras, que la division Lefèbvre-Desnoëttes était en
réserve près de ce village, que c'est là, au débouché de
Frasne par conséquent, que le général d'Erlon, qui avait
devancé sa colonne, s'arrêta avec des généraux de la garde
et qu'il reçut avis de la nouvelle destination donnée à son
corps d'armée.

Nous pouvons déterminer aussi à quel moment le 1er corps
a fait son changement de direction vers la droite. Selon
toutes les vraisemblances, l'officier porteur de la note au
crayon est parti de Fleurus après celui qui a été chargé de
transmettre la dépêche datée de 3 h. 1/4. Car ce message
rappelle celui de 2 heures et ne fait nullement mention
de l'envoi d'un aide de camp avec de nouvelles instructions.
C'est donc vers 3 h. 1/2 ou 4 heures moins un quart qu'a
eu lieu le départ du général Labédoyère (1), et comme
la distance n'est que de 10 kilomètres, *c'est vers* **4 h. 1/2**
que le 1er corps a exécuté son changement de direction.
Cette conclusion concorde d'ailleurs avec le rapport du
général Vandamme qui signale, vers 5 h. 1/4, l'apparition
de ces troupes à une lieue environ sur la gauche.

Ainsi, le 1er corps d'armée, parti à midi de Jumet, a mis

---

(1) Ou du colonel Laurent, ou peut être de ces deux officiers.

*quatre heures et demie pour franchir une distance de 11
kilomètres,* tandis qu'au même moment et sur la même
chaussée, les réserves anglaises parcouraient en trois heures
et demie un trajet de 17 kilomètres, de Waterloo aux
Quatre-Bras.

Dès lors, il est constant que le 1er corps a marché avec
une lenteur inconcevable ou qu'il est parti très longtemps
après l'heure, contrairement aux ordres reçus. Telle est la
faute principale de la journée, celle qui a eu les conséquences les plus funestes et celle aussi dont la responsabilité
retombe tout entière sur le général d'Erlon.

La contre-marche n'est qu'un incident secondaire qui
n'aurait pas eu lieu, d'ailleurs, si le 1er corps avait marché
comme il devait le faire, et dans ce cas il aurait pu agir en
temps opportun sur l'un ou l'autre des deux champs de
bataille. Cinq dépêches successives (1) témoignent de l'importance que l'Empereur attachait à la réunion, à l'action
commune des troupes de d'Erlon et de Reille et si les ordres
avaient été exécutés, le 1er corps aurait pu entrer en ligne
vers 3 h. 1/2, c'est-à-dire presque au début de l'engagement. Tel est le fait considérable qui domine tout le
débat et qui porte en lui-même la justification pleine et
entière des combinaisons de l'Empereur. Car, pour nous
servir des expressions mêmes du colonel Charras, « les
20,000 hommes de d'Erlon engagés directement sur La Haye
et Wagnelée auraient assuré la perte de l'armée prussienne
et, portés à temps sur les Quatre-Bras, ils l'auraient assurée
encore, car Ney se serait trouvé assez fort pour repousser
les Anglo-Hollandais et faire l'opération demandée par
Napoléon dans les deux ordres expédiés de Fleurus. »

Les critiques formulées contre l'Empereur au sujet des
événements du 15 et du 16 juin, tombent d'elles-mêmes
après l'étude approfondie que nous venons de faire des opé-

_____

(1) Voir pages 13, 17, 19, 26.

rations de ces deux journées. Le général d'Erlon est responsable de l'inaction du 1ᵉʳ corps et, sans cet événement funeste,
la campagne de Belgique eût été décidée dans l'après-midi
du 16.

Abstraction faite des considérations qui précèdent en ce
qui concerne le lieu et l'heure du changement de direction
du 1ᵉʳ corps, il convient de faire observer que les troupes du
général d'Erlon ont mis neuf heures pour aller de Jumet à
Frasne qui n'est qu'à 12 kilomètres de leur point de départ.
D'après les renseignements fournis par le général Durutte,
dont la division formait tête de colonne, le 1ᵉʳ corps a exécuté sa contre-marche en un point situé au sud de la ligne
Villers-Perwin-Wagnelée (1) et avant d'arriver à hauteur de
ce dernier village. Le général Vandamme signale de même
la présence de la colonne à une lieue sur sa gauche. Enfin,
l'aide de camp envoyé à toute vitesse au-devant de ces troupes a mis plus d'une heure pour remplir sa mission, ce qui
indique également que le 1ᵉʳ corps se trouvait à plus d'une
lieue de Fleurus. D'après ces données, soit que le 1ᵉʳ corps
ait emprunté la traverse de Mellet, soit, car la chose est
douteuse, qu'il ait suivi la voie romaine (2) pour se rabattre
ensuite vers le sud, on peut se rendre compte, en consultant
la carte de Belgique, que la colonne n'a pas fait plus de
4 ou 5 kilomètres dans la nouvelle direction, ce qui donne
10 kilomètres au maximum pour l'augmentation totale
du trajet. Il resterait donc à expliquer comment le 1ᵉʳ
corps, marchant au canon, a mis neuf heures pour franchir
une distance de 20 à 22 kilomètres. Si, au lieu de s'attarder
en route, de perdre un temps précieux dans des hésitations funestes, le général d'Erlon eût marché comme on
doit le faire en pareil cas, il serait arrivé *malgré tout* en

---

(1) « D'Erlon n'est même pas arrivé à la hauteur de Wagnelée. »
Charras. — Note de la page 213, tome Iᵉʳ, 5ᵉ édition.)

(2) Ou chaussée Brunehaut.

temps utile et sa coopération à Saint-Amand ou aux Quatre-Bras aurait très probablement assuré le succès de la campagne.

C'est à tort, nous l'avons déjà dit, que l'on reproche à l'Empereur de n'avoir pas disposé des troupes de d'Erlon pour les engager contre l'armée prussienne. Il est à peu près certain, en effet, que le général d'Erlon exécuta sa contre-marche sans que l'Empereur eût donné son consentement. « Je devais supposer, dit-il, qu'il y avait urgence, puisque M. le maréchal prenait sur lui de me rappeler quoiqu'il eût reçu la note dont j'ai parlé plus haut. » Si le général d'Erlon avait reçu une autorisation émanant de l'Empereur, il se serait empressé de le dire et n'aurait pas eu besoin de chercher une excuse. Les historiens qui veulent que le consentement ait été donné, ignorent ou oublient que le général d'Erlon aurait dû être depuis longtemps aux Quatre-Bras, que ni l'Empereur ni personne autour de lui ne supposait que la colonne signalée comme ennemie fût celle de d'Erlon; car le corps détaché de la gauche n'était attendu que par Marbais, sur les derrières de l'armée prussienne (1).

L'aide de camp envoyé pour reconnaître ces troupes suspectes dut arriver au début de la marche retrograde ou au moment où elle allait s'exécuter, et vraisemblablement il rendit compte à son retour que la situation était critique à l'aile gauche et que le général d'Erlon, rappelé impérativement par le maréchal Ney, se dirigeait de nouveau vers les Quatre-Bras. C'est *alors seulement* que l'Empereur apprit les mouvements du 1er corps et, si l'on observe que l'heure était très avancée, que les troupes s'éloignaient déjà du champ de bataille, on pourra se convaincre qu'il n'était plus possible de les ramener et de les faire agir en temps utile sur Saint-Amand (2). Quoi qu'il en soit, du reste, reprocher à l'Empe-

(1) Voir Napoléon. *Mémoires*, tome IX.
(2) Il était 6 h. 1/2 quand le général Dejean revint près de

reur l'inaction du 1ᵉʳ corps, c'est juger d'après l'événement ;
car « l'événement seul a prouvé que le 1ᵉʳ corps revenant à
Frasne devait y être inutile et, jusqu'au dernier moment, on
put craindre de voir la retraite du maréchal Ney dégénérer
en une déroute désastreuse (1). »

Privés des 20,000 hommes de d'Erlon, les Français com-
battirent sur les deux champs de bataille avec des forces
inférieures à celles de leurs adversaires. A l'aile gauche, le
maréchal Ney avait rempli sa mission dans la mesure du
possible et empêché finalement le général anglais de porter
à son collègue le secours qu'il lui avait promis. Sur le champ
de bataille de Ligny, les succès de l'Empereur démontrent
la supériorité de sa tactique. Quelques auteurs ont prétendu
cependant qu'il aurait fallu attaquer les Prussiens en les
débordant par leur droite afin de les séparer des Anglais et
de les rejeter sur le Rhin ; c'est encore là une erreur. Il ne
s'agissait pas seulement d'isoler les Prussiens des Anglais,
ce qui se faisait d'ailleurs par le maréchal Ney aux Quatre-
Bras ; les circonstances étaient telles qu'il fallait encore de
toute nécessité remporter des succès décisifs et la manœuvre
de l'Empereur est celle qui promettait sans contredit les plus
grands résultats.

« Si le comte d'Erlon avait exécuté le mouvement sur
Saint-Amand que l'Empereur a ordonné, l'armée prussienne

---

l'Empereur. Un nouveau messager partant vers 6 h. 40 aurait pu
rejoindre le général d'Erlon vers 7 h. 15 (trajet 6 à 7 kilomètres) ; à
cause des délais inévitables, la nouvelle contremarche n'aurait pas eu
lieu avant 7 h. 30 et la colonne, ayant 5 à 6 kilomètres à parcourir, ne
serait arrivée sur Saint-Amand qu'à la nuit tombante.

D'après le colonel Charras, l'Empereur aurait pu engager le 1ᵉʳ corps
sur le champ de bataille de Ligny, *près de deux heures avant la fin du
jour*. (Voir tome I, page 220, 5ᵉ édition.)

(1) Ce sont les expressions mêmes dont se sert le colonel Charras
pour justifier le maréchal Ney et le général d'Erlon. (Tome I, page 220,
5ᵉ édition.) L'argument est valable en effet ; mais on peut l'invoquer
aussi en faveur de Napoléon. Le 1ᵉʳ corps revenant à Frasne et faisant
diligence pouvait arriver en temps utile, tandis qu'un nouveau contre-
ordre devait annuler définitivement les 20,000 hommes de d'Erlon.

était totalement détruite et nous aurions fait peut-être 30,000 prisonniers. » (Le major général au maréchal Ney, 17 juin.)

Indépendamment du mouvement à revers contre l'armée prussienne, la coopération du 1er corps au combat des Quatre-Bras aurait assuré à notre aile gauche une prépondérance irrésistible et dans l'une comme dans l'autre hypothèse, la journée devait être fatale à l'ennemi.

Il nous suffira de quelques mots pour apprécier les opérations des alliés le 16 juin : assurément les dispositions de combat adoptées par le maréchal Blücher ne sont pas irréprochables ; son armée occupait un front trop étendu. Tandis qu'à l'aile gauche il laissait des forces considérables dans l'inaction, au centre il engageait trop tôt ses réserves. Mais, ce qu'il faut admirer, c'est l'énergie indomptable, l'activité déployée par ce vieillard de soixante-dix ans. La concentration rapide de l'armée prussienne sur Sombreffe était d'ailleurs conforme au plan arrêté avec le chef de l'armée anglaise. En revanche, le duc de Wellington continuait à compromettre son allié par ses hésitations et ses lenteurs. Pendant la bataille, une division et deux brigades restaient à Nivelles, une autre brigade à Arquennes, à peu de distance des Quatre-Bras, toujours en prévision d'une attaque par Braine-le-Comte. Le colonel anglais Chesney avoue que l'Empereur aurait pu attaquer Wellington avec 20,000 hommes de plus de bonne heure dans l'après-midi du 16 « et que le soir, trente heures après les premiers avis, Wellington n'avait encore aux Quatre-Bras que les 3/8 de son infanterie, le 1/3 de son artillerie et le 1/7 de sa cavalerie. De bonne foi, si le grand général anglais en sortit à son honneur ce jour-là, il le dut quelque peu à la fortune. »

Pour terminer ce chapitre, il ne sera pas hors de propos de signaler une opinion que le général Berthaut a émise au sujet des événements du 16 juin. « L'aile gauche de l'armée française, dit l'auteur, a perdu un temps précieux dans son mouvement sur les Quatre-Bras où elle n'est parvenue que le 16 dans l'après-midi, avec des forces insuffisantes pour en chasser les Anglais. Si l'Empereur avait donné en temps opportun des ordres précis, le maréchal Ney aurait pu occuper cette position avec toutes ses forces le 16 à la pointe du jour. »

Ainsi, le 1er corps d'armée qui est parti le 15 de Solre-sur-Sambre à 3 heures du matin, qui avait mission de couvrir la gauche de l'armée, qui a été employé en grande partie à des opérations spéciales à Thuin, à Eldie, à Marchienne, sur les routes de Mons, aurait *dû se trouver entièrement réuni aux Quatre-Bras le 16 dès le point du jour, après avoir franchi une distance de 52 kilomètres le tout en vingt-quatre heures*. Le général Berthaut oublie que la guerre se fait avec des hommes.

17-18 JUIN.

Waterloo. — Wavre.

Dans la nuit du 16 au 17 juin, les corps de Zieten et de Pirch bivouaquèrent vers Tilly, Mellery, Gentinnes; celui de Thielmann entre Sombreffe et le Point-du-Jour. Bulow, qui n'avait pas pris part à la bataille, avait atteint, dans la soirée du 16, Sauvenière, où il passa la nuit. Le général Gneiseneau, investi du commandement temporaire, ordonna une retraite générale de l'armée sur Wavre. Avant le point du jour, Zieten et Pirch se replièrent vers le nord, par Mont-Saint-Guibert, et s'établirent, le premier, au delà de la Dyle, à Bierges, le deuxième en deçà de Wavre, à Sainte-Anne et Aisemont, laissant une division d'infanterie à Mont-Saint-Guibert et une brigade de cavalerie à Gentinnes. Thielmann mit plus de lenteur dans son mouvement. Vers 7 heures du matin, il arrivait au nord de Gembloux, où il fit une longue halte jusqu'à 2 heures de l'après-midi. Son corps d'armée n'atteignit Wavre que très tard dans la soirée et s'établit sur la rive gauche de la Dyle, à

La Bavctte. Bulow se replia également sur Wavre, par Corbais, et prit position sur les hauteurs de Dion-le-Mont.
Ainsi, dans la nuit du 17 au 18 juin, toute l'armée prussienne se trouvait concentrée autour de Wavre. La retraite
n'avait pas été inquiétée.

L'officier chargé d'apporter au duc de Wellington la nouvelle des événements du 16 et de la retraite de l'armée prussienne avait été blessé mortellement par des coureurs français et n'avait pu remplir sa mission. Le général anglais
n'apprit la vérité que vers 8 heures du matin, par le rapport d'une reconnaissance, et, un moment après, par une
communication directe de Blücher. La retraite sur Bruxelles
fut aussitôt décidée et, en renvoyant l'officier chargé du
message, Wellington faisait connaître à son collègue qu'il
avait l'intention de livrer bataille dans la position de Mont-
Saint-Jean, en avant de la forêt de Soignes, s'il pouvait
compter sur le concours de deux corps prussiens. Le mouvement rétrograde des Anglais commença vers 10 heures,
couvert par une arrière-garde. A midi, il ne restait plus aux
Quatre-Bras que la cavalerie d'Uxbridge formée sur deux
lignes, en arrière de la chaussée de Nivelles.

A 3 heures du matin, le général Pajol, avec une de ses
divisions, celle de Soult, fut envoyé en reconnaissance sur
la route de Namur. Ce mouvement fut appuyé par la brigade
de dragons du général Berton (corps Excelmans) et, plus
tard, par la division d'infanterie Teste, du corps de Lobau.

Vers 7 heures, l'Empereur apprenait que le général
Pajol avait enlevé une batterie prussienne et quelques voitures d'équipage près du Mazy ; en même temps, le général
Flahault revenait des Quatre-Bras, apportant les premières
nouvelles de l'aile gauche. Pendant la nuit du 16 au 17 juin,
aucune communication ne fut échangée entre le major
général et le commandant de l'aile gauche, qui n'apprit,
paraît-il, la victoire de Ligny que par la dépêche datée de
8 heures que nous allons reproduire :

« A Monsieur le maréchal, prince de la Moskowa.

» Fleurus, 17 juin 1815 (entre 7 et 8 heures du matin).

» Monsieur le maréchal,

» Le général Flahault, qui arrive à l'instant, fait connaître que vous êtes dans l'incertitude sur les résultats de la journée d'hier. Je crois cependant vous avoir prévenu de la victoire que l'Empereur a remportée. L'armée prussienne a été mise en déroute; le général Pajol est à sa poursuite, sur les routes de Namur et de Liège. Nous avons déjà plusieurs milliers de prisonniers et trente pièces de canon.

» Nos troupes se sont bien conduites : une charge de six bataillons de la garde, des escadrons de service et de la division de cavalerie du général Delort, a percé la ligne ennemie, porté le plus grand désordre dans ses rangs et enlevé la position.

» L'Empereur se rend au moulin de Bry, où passe la grande route qui conduit de Namur aux Quatre-Bras; il n'est donc pas possible que l'armée anglaise puisse agir devant vous. Si cela était, l'Empereur marcherait directement sur elle, par la route des Quatre-Bras, tandis que vous l'attaqueriez de front avec vos divisions, qui, à présent, doivent être réunies, et cette armée serait dans un instant détruite. Ainsi, instruisez Sa Majesté de la position exacte des divisions et de tout ce qui se passe devant vous.

» L'Empereur a vu avec peine que vous n'ayez pas réuni hier les divisions : elles ont agi isolément; ainsi, vous avez éprouvé des pertes.

» Si les corps des comtes d'Erlon et Reille avaient été ensemble, il ne réchappait pas un Anglais du corps qui venait vous attaquer.

» Si le comte d'Erlon avait exécuté le mouvement sur Saint-Amand que l'Empereur a ordonné, l'armée prussienne était totalement détruite, et nous aurions fait peut-être trente mille prisonniers.

» Les corps des généraux Gérard, Vandamme et la garde impériale ont toujours été réunis ; l'on s'expose à des revers lorsque les détachements sont compromis.

» L'Empereur espère et désire que vos sept divisions d'infanterie et la cavalerie soient bien réunies et formées, et qu'ensemble, elles n'occupent pas une lieue de terrain, pour les avoir bien dans votre main et les employer, au besoin.

» L'intention de Sa Majesté est que vous preniez position aux Quatre-Bras, ainsi que l'ordre vous en a été donné ; mais si, par impossible, cela ne peut avoir lieu, rendez-en compte sur-le-champ avec détail, et l'Empereur s'y portera, ainsi que je vous l'ai dit ; si, au contraire, il n'y a qu'une arrière-garde, attaquez-la et prenez position.

« La journée d'aujourd'hui est nécessaire pour terminer cette opération et pour compléter les munitions, rallier les militaires isolés et faire rentrer les détachements. Donnez des ordres en conséquence et assurez-vous que tous les blessés sont pansés et transportés sur les derrières : l'on s'est plaint que les ambulances n'avaient pas fait leur devoir.

« Le fameux partisan Lutzow, qui a été pris, disait que l'armée prussienne était perdue et que Blücher avait exposé une seconde fois la monarchie prussienne.

« Le maréchal d'Empire, major général,

Duc de Dalmatie. »

Après l'envoi de cette dépêche, l'Empereur se rendit en voiture à Saint-Amand et là il monta à cheval pour visiter le champ de bataille et passer les troupes en revue.

Vers 10 heures, le corps de Lobau fut dirigé sur Marbais et suivi, à 11 heures, par la garde impériale. Peu de temps après, une reconnaissance revenant des Quatre-Bras apprenait que les Anglais y étaient encore, et un nouveau message fut expédié vers midi au maréchal Ney.

En avant de Ligny, 17 juin 1815.

« Monsieur le maréchal, l'Empereur vient de faire prendre position en avant de Marbais à un corps d'infanterie et à la garde impériale ; Sa Majesté me charge de vous dire que son intention est que vous attaquiez les ennemis aux Quatre-Bras pour les chasser de leur position, et que le corps qui est à Marbais secondera vos opérations ; Sa Majesté va se rendre à Marbais et elle attend vos rapports avec impatience. »

C'est en ce moment, c'est-à-dire vers midi, que l'Empereur confia au maréchal Grouchy le commandement d'un corps de 33,000 hommes, avec ordre de poursuivre les Prussiens, de compléter leur défaite, tandis qu'il allait lui-même marcher contre les Anglais avec la masse principale forte d'environ 72,000 hommes.

Effrayé de la responsabilité que cette mission allait faire peser sur lui, le maréchal Grouchy crut devoir faire observer que l'ennemi avait déjà gagné quatorze heures de marche, qu'il lui paraissait bien difficile de découvrir l'armée prussienne après l'énorme avance qu'elle avait prise, et qu'il allait se trouver isolé, impuissant, en présence d'un adversaire très supérieur en nombre. Ces observations furent mal accueillies. L'Empereur répéta l'ordre qu'il avait donné et quitta le maréchal pour se rendre à Marbais.

Le général Berton, qui se trouvait en observation près de Gembloux, ayant fait connaître qu'il apercevait un corps prussien de plus de 20,000 hommes en position sur l'Orneau, des instructions plus précises furent adressées au maréchal Grouchy, en l'absence du major-général, par le général Bertrand ; elles prescrivaient au maréchal de marcher sur Gembloux, de se faire éclairer dans la direction de Namur et de Maëstricht et de chercher à pénétrer si les Prussiens se séparaient des Anglais ou s'ils voulaient se réunir à eux pour couvrir Bruxelles et tenter le sort d'une nouvelle bataille.

Les troupes de Vandamme ne purent se mettre en marche qu'à 2 heures. Un orage qui s'étendit sur toutes les plaines de la Belgique rendit la marche de nos troupes très lente et très pénible; il était 10 heures du soir quand le corps de Gérard prit ses bivouacs en deçà de Gembloux. La colonne avait mis sept heures pour faire trois lieues et demie; et pourtant, dit le général Gérard, les troupes avaient marché aussi vite qu'il était humainement possible par une pluie torrentielle et d'épouvantables chemins. La cavalerie d'Excelmans bivouaqua à Sauvenières, à une lieue au delà de Gembloux. Le maréchal Grouchy n'avait pu recueillir que des renseignements incertains sur les mouvements de l'armée prussienne et il exprime ses doutes dans une lettre adressée à l'Empereur vers 10 heures du soir.

Sur la route de Bruxelles, il était près de 2 heures lorsque le corps de d'Erlon atteignit les Quatre-Bras; le maréchal Ney avait cru devoir attendre l'arrivée de la colonne venant de Ligny qui débouchait en ce moment par la chaussée de Namur. Sauf une escarmouche de cavalerie à Genappe, la poursuite se fit sans incident remarquable. Là comme à l'aile droite, la pluie qui tombait à torrents rendit les mouvements extrêmement pénibles; il était 6 h. 1/2 lorsque la cavalerie française parut sur les hauteurs de la Belle-Alliance. L'ennemi semblait s'arrêter en avant de la forêt de Soignes; mais ce n'était peut-être qu'une arrière-garde chargée de couvrir le passage des troupes à travers la forêt. Un déploiement de cavalerie, ordonné par l'Empereur, apprit ce que l'on voulait savoir : l'armée anglaise était là.

La tête de colonne de l'infanterie n'arriva à hauteur de Plancenoit que vers 8 heures du soir. D'Erlon et Lobau bivouaquèrent en première ligne de Plancenoit à Mont-Plaisir, le 1er corps à droite, le 6e à gauche, la garde et les réserves de cavalerie en seconde ligne. Le corps de Reille, qui s'était arrêté à Genappe, devait rallier l'armée au point du jour.

L'Empereur plaça son quartier général à la ferme du Caillou, près du hameau dit la Maison-du-Roi. Celui de Wellington était à Waterloo, à quatre kilomètres en arrière du plateau du Mont-Saint-Jean où l'armée anglaise avait pris position. La réponse de Blücher à la demande de secours du matin parvint au général anglais dans la soirée : « J'irai vous rejoindre, disait Blücher, non seulement avec deux corps, mais avec mon armée tout entière, et si l'ennemi ne vous attaque pas le 18, nous l'attaquerons ensemble le 19. »

L'armée anglo-hollandaise n'était pas réunie tout entière au Mont-Saint-Jean. Craignant toujours un mouvement tournant par la droite, Wellington laissa 17,000 hommes à Hall, sur la route de Mons à Bruxelles. Les forces disponibles pour la bataille se trouvaient ainsi réduites à 70,000 hommes dont 13,500 de cavalerie et 159 bouches à feu.

A 1 heure du matin, l'Empereur monta à cheval et fit une première reconnaissance qui dura jusqu'au jour. A son retour à la ferme du Caillou, des affidés vinrent rendre compte que l'armée anglo-hollandaise restait immobile sur ses positions. Napoléon différa l'attaque de quelques heures, afin de donner au sol le temps de se raffermir. Vers 10 heures du matin, une dépêche fut expédiée au maréchal Grouchy pour l'instruire que l'Empereur allait faire attaquer l'armée anglaise. On signalait au commandant de l'aile droite qu'une colonne ennemie assez forte avait passé par Gentinnes, et on lui prescrivait de marcher sur Wavre où il devait arriver le plus tôt possible. Il n'entre pas dans notre dessein d'entreprendre le récit détaillé de la bataille de Mont-Saint-Jean. Nous nous bornerons à relater les événements principaux de la journée.

Il était 11 h. 1/2 quand le premier coup de canon fut tiré à l'aile gauche française. L'attaque du général Reille contre l'aile droite des Anglais n'était qu'une diversion. L'Empereur se proposait de faire effort contre le centre et l'aile gauche de l'armée anglo-hollandaise. Placé sur les hauteurs de Rosomme, il promenait sa lunette sur les diverses parties du champ de bataille lorsqu'il crut apercevoir un corps de troupes dans la direction de Chapelle-Saint-Lambert. Les divisions Domon et Subervie furent envoyées aussitôt en reconnaissance et le général Bernard, qui avait pris les devants avec quelques cavaliers, vint en toute hâte rendre compte que c'était de l'infanterie prussienne. Peu de temps après, on fit prisonnier un hussard prussien qui était porteur d'une lettre de Bulow à Wellington; il apprit que les troupes aperçues sur Saint-Lambert formaient l'avant-garde du corps de Bulow. L'Empereur dirigea aussitôt de ce côté le corps de Lobau afin de soutenir les divisions Domon et Subervie « et de choisir une bonne position intermédiaire où il pût, avec 10,000 hommes, en arrêter 30,000, si c'était nécessaire. »

Il était 1 heure environ, et, au même moment, le major général envoyait une seconde dépêche au maréchal Grouchy pour lui annoncer l'arrivée de Bulow et lui prescrire de manœuvrer sur Mont-Saint-Jean, afin de joindre la droite de l'Empereur et de surprendre Bulow en flagrant délit. Ces instructions étaient malheureusement beaucoup trop tardives, car elles ne parvinrent qu'après 6 heures du soir au commandant de l'aile droite qui se trouvait alors devant Wavre.

C'est vers 1 h. 1/2 que commença l'attaque de d'Erlon contre le centre de l'armée anglo-hollandaise. On sait qu'elle fut repoussée avec de grandes pertes. L'action est reprise un peu plus tard et les fermes de la Haie-Sainte et de Papelotte tombent en notre pouvoir vers 4 heures. Le général Milhaud reçoit l'ordre de charger le centre de l'ennemi avec ses deux divisions de cuirassiers; les lanciers et les chasseurs de la garde appuient cette manœuvre. Vers 6 heures, les charges réitérées de la cavalerie française avaient épuisé la résistance de l'ennemi. Une trouée s'était produite au centre de la ligne, vers la Haie-Sainte; mais les efforts prodigieux de nos cavaliers devaient rester sans résultat,

faute d'infanterie pour les soutenir. Le corps de Lobau et la
jeune garde qui auraient, sans nul doute, complété la victoire,
n'étaient plus disponibles. Depuis longtemps, les Prussiens
avaient opéré une puissante diversion contre l'aile droite de
l'armée française. Le corps de Bulow avait quitté son
bivouac de Dion-le-Mont à 7 heures du matin; l'avant-garde
atteignait Chapelle-Saint-Lambert un peu avant midi. Mais
un incendie, qui éclata sur le passage des troupes dans la
ville de Vavre, arrêta le reste de la colonne pendant près de
deux heures. Les deux premières divisions engagèrent le
combat contre Lobau vers 4 h. 1/2 et, une heure plus tard,
tout le corps d'armée se trouvait sur le terrain. Après une
résistance héroïque, Lobau dut se replier sur Plancenoit,
soutenu par la jeune garde et par une partie de la division
Morand; le 6e corps maintint sa position jusqu'à la nuit et
ne céda qu'écrasé par le nombre, après l'arrivée de deux
nouvelles divisions prussiennes.

Vers 7 heures, l'Empereur ordonne une attaque générale
contre les Anglais et dirige sur Mont-Saint-Jean sa dernière
réserve qui comprend dix bataillons de la vieille garde; une
lutte décisive s'engage et la situation des Anglais devenait
très critique, lorsque, tout à coup, au sommet de l'angle
formé par la ligne de bataille, vers Papelotte, éclate une
fusillade très nourrie annonçant l'entrée en ligne d'un nouvel adversaire : c'est Zieten qui débouche des bois d'Ohain
pour appuyer la gauche de Wellington. Assaillie par des
forces triples, la division Durutte recule; le désordre se met
bientôt dans ses rangs et se communique aux troupes de la
division Marcognet. Au même moment, Wellington ordonne
une attaque générale et notre ligne toute entière plie sous
l'effort depuis Hougoumont jusqu'à Papelotte. A l'aile droite,
Lobau, Duchesne et Morand résistent encore; mais, pressés
et débordés de toutes parts, ces derniers bataillons se fon-
dent eux-mêmes dans la déroute.

Nous avons laissé le maréchal Grouchy à Gembloux le 17 juin au soir; il ignorait encore si l'armée prussienne se retirait sur Wavre ou sur Liège et, dans le doute, il choisissait une direction intermédiaire. Le général Vandamme devait se mettre en marche sur Sart-lèz-Valhain, à 6 heures du matin; Gérard devait suivre à 8 heures les troupes de Vandamme. Malgré l'ordre du général en chef, le 3e corps ne se mit en mouvement qu'à 8 heures. A Sart-lèz-Valhain on apprit d'une manière précise que l'armée prussienne s'était retirée sur Wavre et on continua la poursuite dans cette direction en passant par Nil-Saint-Vincent et la Baraque. Le maréchal Grouchy écrivait en même temps à l'Empereur pour lui annoncer les renseignements qu'il venait de recueillir et lui demander de nouvelles instructions.

Vers 11 h. 1/2, Gérard rejoignait le maréchal à Sart-lèz-Valhain, lorsqu'on crut entendre des détonations d'artillerie dans la direction de l'ouest. Faible d'abord, le bruit devint bientôt plus distinct et prit, vers midi, une intensité telle qu'il n'y avait plus aucun doute à concevoir : l'Empereur livrait bataille à l'armée anglo-hollandaise. Gérard émit aussitôt l'avis de marcher au canon. Le 3e corps, qui arrivait en ce moment à Nil-Saint-Vincent, aurait fait « tête de colonne à gauche » et se serait dirigé sur Mousty pour y traverser la Dyle.

Le maréchal Grouchy repoussa l'opération qu'on lui proposait comme contraire à ses instructions, qui lui prescrivaient de poursuivre les Prussiens, de ne pas les perdre de vue; on les avait devant soi; on était sur le point de les atteindre. Ce n'était pas le moment de s'engager dans une autre direction.

L'aile droite française continua donc sa marche sur Wavre, et, à 2 heures environ, le corps de Vandamme arrivait en présence de l'ennemi à La Baraque.

En ce moment, trois corps prussiens étaient en marche pour rejoindre Wellington : le 1er par Froment-sur-Ohain, le

4ᵉ et le 2ᵉ par Neuf-Cabaret sur Saint-Lambert; le 3ᵉ corps restait provisoirement à Wavre, pour être employé selon les circonstances. En apprenant que les Français se montraient vers Neuf-Sart, Pirch fit faire volte-face à ses deux dernières divisions, tandis que les deux premières continuaient leur marche de flanc vers l'armée anglaise. Après une courte résistance, cette arrière-garde passa la Dyle et prit elle-même la direction de Chapelle-Saint-Lambert. Le corps de Thielmann allait aussi s'ébranler vers Couture-Saint-Germain lorsque les troupes de Vandamne commencèrent à se déployer devant Wavre.

Le maréchal Grouchy, qui venait de recevoir la lettre de l'Empereur datée de 6 heures, fit hâter les dispositions d'attaque. L'ennemi, couvert par la Dyle, opposa une résistance énergique à Wavre et au moulin de Bierges. Les efforts de Vandamme et de Gérard restaient infructueux, lorsque, vers 7 heures, parvint au général en chef la seconde dépêche de l'Empereur, celle où on lui prescrivait de manœuvrer dans la direction de Mont-Saint-Jean. Le maréchal prit aussitôt le parti de traverser la Dyle en amont du moulin de Bierges pour lier ses communications avec l'Empereur. L'opération réussit; vers 8 heures, le 4ᵉ corps débouchait sur la rive gauche par le pont de Linal et repoussait l'ennemi jusqu'au village de Bierges. Le combat ne cessa qu'à 11 heures du soir.

Pendant que le 4ᵉ corps exécutait son mouvement tournant, le 3ᵉ occupait l'ennemi de front, la gauche au moulin de Bierges, la droite au faubourg de Wavre. Les troupes de Vandamme bivouaquèrent dans cette position, celles de Gérard sur la rive opposée devant Bierges et le bois de Bixensart.

OBSERVATIONS

LES OPÉRATIONS DU 17 ET DU 18 JUIN

I

LES ALLIÉS

Bien que la retraite des Prussiens sur Wavre ait trouvé beaucoup d'admirateurs, on ne peut pas dire cependant que ce mouvement soit conforme aux règles de l'art de la guerre. Sans nul doute, il valait mieux se replier sur Wavre que sur Namur ou Liège, mais ce n'était pas encore là la véritable direction; il fallait se rapprocher davantage de l'armée anglaise : c'est vers Maransart et Chapelle-Saint-Lambert que les Prussiens devaient se retirer après la bataille de Ligny. Dans ce cas, Zieten et Pirch auraient emprunté la traverse Mellery, Bousval, Plancenoit; le 3⁰ corps se serait replié par Gentinnes, Mont-Saint-Guibert, sur Mousty et Maransart; enfin le 4⁰ corps de Bulow aurait fait lui-même sa jonction par Corbais et Mousty avec celui de Thielmann. Ce plan, qui ne soulève aucune objection sérieuse, devait assurer l'action commune de toutes les forces alliées sur un même champ de bataille.

Les Prussiens ayant fait leur retraite sur Wavre, le projet du général anglais de livrer bataille à Mont-Saint-Jean n'était pas rationnel. « Le succès dépendait de la coopération des Prussiens, et cette coopération ne pouvait avoir lieu que dans l'après-midi. Wellington restait donc exposé seul, depuis 4 heures du matin jusqu'à 1 heure de l'après-midi, c'est-à-dire pendant neuf heures ; une bataille ne dure pas ordinairement plus de six heures. La coopération des Prussiens était illusoire.

« Pour compter sur la coopération des Prussiens, le général anglais supposait donc que l'armée française était tout entière vis-à-vis de lui ; il prétendait, pendant neuf heures, avec 90,000 hommes de diverses nations, défendre son champ de bataille contre une armée de 104,000 Français. ce calcul était faux, il ne se serait certainement pas maintenu six heures; tout aurait été décidé avant 10 heures du matin, et les Prussiens ne seraient arrivés que pour être pris à revers (1). »

C'est à tort qu'on a prétendu que la jonction aurait pu se faire dans la matinée du 18 juin. D'après les ordres du général en chef, le 4e corps, qui n'avait pas pris part à la bataille du 16, devait former l'avant-garde de l'armée prussienne. Le 17 au soir, Bulow avait pris ses bivouacs sur les hauteurs de Dion-le-Mont, à cinq lieues du champ de bataille de Mont-Saint-Jean. La pluie tomba à torrents dans la soirée et pendant toute la nuit. Les chemins étaient affreux ; les troupes, mouillées et fatiguées, ne purent se mettre en marche qu'à 7 heures, et, dans ces conditions, Bulow ne devait apparaître sur le champ de bataille, au plus tôt, que vers midi. Il est vrai que le 1er et le 2e corps prussiens étaient plus rapprochés de l'armée anglaise que le 4e ; mais les troupes de Zieten et de Pirch, très éprouvées par la bataille du 16, avaient besoin de repos ; il fallait en outre reconstituer les cadres et remplacer les munitions consommées ; le parc de réserve n'arrivait à Wavre le 17 qu'à 5 heures du soir ; il résulte de là que Pirch et Zieten n'auraient pu s'ébranler au plus tôt que vers 9 heures du matin, et, dans tous les cas, la coopération attendue ne devait avoir lieu que dans l'après-midi.

Si donc l'armée française s'était portée tout entière sur Mont-Saint-Jean le 17 et qu'on eût attaqué de bonne heure,

---

(1) Napoléon. Mémoires. — La citation n'est pas rigoureusement textuelle. — Nous avons corrigé quelques chiffres.

comme on pouvait, comme on devait le faire, Wellington aurait été battu le 18. Cette conclusion logique, irréfutable, condamne formellement le projet du général anglais de recevoir la bataille en avant de la forêt de Soignes. Et qu'on ne dise pas que, dans l'hypothèse où nous venons de nous placer, Wellington et Blücher auraient pris d'autres mesures ; car l'un et l'autre étaient convaincus — leurs rapports en font foi — que l'armée française était réunie tout entière, le 18 au soir, sur les hauteurs de Rossomme.

Etant donnée, la situation des deux armées à Mont-Saint-Jean et à Wavre, dans la soirée du 17, et, connaissant l'état des chemins, la fatigue des troupes, les nécessités de ravitaillement qui excluaient toute action commune dans la matinée du 18, les généraux alliés devaient, ce jour-là, continuer leur retraite à travers la forêt de Soignes, se réunir le lendemain sur Bruxelles et « laisser l'empereur des Français manœuvrer comme il aurait voulu. Aurait-il, avec une armée de 100,000 hommes, traversé la forêt de Soignes pour attaquer au débouché les deux armées réunies, fortes de 200,000 hommes et en position? C'était tout ce qui pouvait arriver de plus avantageux aux alliés. Se serait-il contenté de prendre lui-même position ? Son inaction ne pouvait être longue, puisque 300,000 Russes, Autrichiens, Bavarois, arrivaient sur le Rhin; ils seraient en peu de temps sur la Marne, ce qui obligerait l'Empereur à courir au secours de sa capitale » (1).

C'était donc une faute que de livrer bataille à Mont-Saint-Jean; le succès tint à une circonstance fortuite, à une erreur des Français, qu'on ne prévoyait pas, que rien ne faisait pressentir. La connaissance de la marche de Grouchy sur Wavre ne saurait d'ailleurs justifier le projet du général anglais; car, dans la nuit du 17 et même dans la matinée

1 Napoléon. — Mémoires.

du 18, l'Empereur pouvait rappeler son aile droite et la faire agir en temps utile contre l'armée anglo-hollandaise.

Le 18 juin, Wellington commet encore une autre faute très grave. Au moment de recevoir la bataille et alors que son premier soin devait être de réunir toutes ses forces, il oublie de rappeler un détachement de 17,000 hommes qui se trouve à trois lieues sur sa droite et qui y reste absolument inutile. On a beaucoup vanté l'habileté tactique du duc de Wellington et la fermeté de son attitude pendant la bataille de Waterloo; mais c'est là un mérite relativement vulgaire.

L'avant-veille, aux Quatre-Bras, le maréchal Ney avait soutenu en héros une lutte bien autrement inégale et on nous accordera sans doute qu'à Mont-Saint-Jean la tâche du général anglais fut singulièrement facilitée par les diversions successives de Bulow, de Pirch et de Zieten.

Pour résumer en quelques mots nos impressions sur les opérations des généraux alliés dans cette campagne, nous dirons que Blücher et Wellington ne se sont pas révélés grands capitaines, mais que le premier, par son énergie et son activité infatigables, mérite d'être placé bien au-dessus de son collègue. C'est Blücher qui a vaincu à Waterloo en jetant dans l'un des plateaux de la balance ses 50,000 hommes de renfort. Que l'on intervertisse les rôles, que l'on suppose l'armée prussienne attaquée à Wavre le 18, il est à peu près certain qu'elle n'aurait pas été secourue en temps utile. Depuis le début des hostilités jusqu'à la crise suprême, le général anglais n'a pas cessé un seul instant de compromettre la cause commune par ses hésitations, ses lenteurs, ses fausses manœuvres. Envisagée au point de vue des opérations de l'armée anglo-hollandaise, la campagne de 1815, en Belgique, pourrait s'intituler : la campagne des erreurs stratégiques du duc de Wellington.

II

Les opérations du maréchal Grouchy dans les deux journées du 17 et du 18 juin 1815 ont soulevé une polémique violente. Les historiens qui n'admettent pas que Napoléon ait pu se tromper rejettent la responsabilité du désastre sur ses lieutenants et plus spécialement sur le maréchal Grouchy. « Un fait incontestable domine le débat, dit l'auteur d'une étude récente (1); on ne peut nier, en effet, que le maréchal Grouchy, comme commandant l'aile droite, devait faire connaître à l'Empereur les mouvements et la marche des Prussiens; ce devoir n'incombait qu'à lui seul et sa responsabilité a commencé le 16 au soir, et non le 17; c'est lui qui a fait croire à la retraite sur la Meuse en ne prenant qu'incomplètement les mesures et dispositions pour retrouver les traces de l'ennemi qu'il n'aurait pas dû perdre. »

Examinons avec soin ce premier grief, la conduite et la responsabilité du maréchal depuis le 16 au soir jusqu'au 17 à midi, c'est-à-dire jusqu'au moment où il a reçu l'ordre de marcher sur Gembloux avec l'aile droite. Selon nous, pendant cette première période, le maréchal n'est responsable de rien. Il est facile de l'établir irréfutablement.

Le maréchal Grouchy a reçu, il est vrai, son nouveau commandement le 16 au matin, avec cette instruction : « Mon intention est que tous les généraux prennent directement vos ordres; ils ne prendront les miens que lorsque je serai présent. » Mais qu'a voulu dire l'Empereur par ces mots : « lorsque je serai présent » ? Les instructions adressées en même temps au maréchal Ney ne laissent aucun doute à cet égard. « Le major général donne les ordres les plus précis pour qu'il n'y ait aucune difficulté sur l'obéissance à vos ordres

---

(1) De la Tour d'Auvergne (lieutenant-colonel), *Waterloo;* 1870.

lorsque vous serez *détaché,* les commandements de corps devant prendre mes ordres directement lorsque je serai présent. » L'Empereur s'est donc réservé de donner des ordres directs, tant que les deux maréchaux ne seraient pas *détachés,* et le maréchal Grouchy ne l'a été que le 17 à midi. En outre, il y a lieu de rappeler que, le 16 au soir, le grand quartier général était à Fleurus, c'est-à-dire à trois kilomètres du champ de bataille ; c'est sur la hauteur en avant de Fleurus que l'Empereur s'est tenu pendant l'action. De Fleurus il pouvait, non seulement donner des ordres de poursuite, mais encore s'assurer de leur exécution par ses aides de camp. En pareille occurrence, l'Empereur n'a jamais délégué ses pouvoirs. Les ordres de poursuite venaient toujours du grand quartier général. Le maréchal Grouchy a réclamé vainement des instructions le 17 au matin et, circonstance décisive pour sa justification, l'Empereur a envoyé des ordres directs aux généraux de cavalerie. On ne cesse de répéter que la direction Tilly, Gentinnes n'a pas été reconnue. Cette assertion est inexacte. « Pendant la journée du 17 et la nuit du 17 au 18, les flanqueurs du général Domont rendirent compte qu'ils étaient en communication avec ceux du maréchal Grouchy. A 9 heures du soir, le général Milhaud, qui avait marché toute la journée pour maintenir ses communications avec le maréchal Grouchy, rendit compte qu'il avait eu connaissance d'une colonne ennemie qui, de Tilly, s'était repliée en toute hâte sur Wavre (1). » *Le 17 au soir,* l'Empereur savait donc qu'une colonne ennemie s'était repliée par Mont-Saint-Guibert sur Wavre. Le lendemain, l'Empereur appelle l'attention du maréchal sur cette circonstance. « Vous ne parlez à Sa Majesté que de deux colonnes prussiennes qui ont passé à Souvenière et à Sart-lez-Valhain ; cependant des rapports disent qu'une troisième colonne, qui était assez forte, a passé à Gery et à Gentinnes se dirigeant sur Wavre. » Il convient

(1) Relation de Sainte-Hélène.

de faire observer que la lettre de l'Empereur n'est parvenue au maréchal que vers 4 heures du soir.

C'est donc la cavalerie de l'Empereur qui a été chargée d'éclairer la direction Tilly, Gentinnes (1) ; les communications sont restées liées dans la soirée du 17 et dans la nuit du 17 au 18. L'Empereur a envoyé des ordres directs aux généraux de cavalerie. Le maréchal Grouchy est dégagé de toute responsabilité jusqu'au moment où il a reçu l'ordre de marcher sur Gembloux.

Si nous passons maintenant à la période de responsabilité du maréchal qui commence le 17 à midi, nous nous proposons d'établir :

1° Que le maréchal s'est conformé à ses instructions ;
2° Qu'on ne saurait le blâmer de s'y être conformé.

Pour se convaincre que le maréchal s'est conformé à ses instructions, il est nécessaire de reproduire, en leur entier, les trois dépêches de la correspondance authentique de l'Empereur.

1re dépêche du 17, à midi.

« Monsieur le maréchal, rendez-vous à Gembloux avec le corps de cavalerie du général Pajol, la cavalerie légère du 4e corps et le corps de cavalerie du général Excelmans, la division du général Teste dont vous aurez un soin particulier, étant détachée de son corps d'armée, et les 3e et 4e corps d'infanterie. Vous vous ferez éclairer sur la direction de Namur et de Maestricht et vous poursuivrez l'ennemi. Eclairez sa marche et instruisez-moi de ses mouvements, de manière que je puisse pénétrer ce qu'il veut faire. Je porte mon quartier général aux Quatre-Chemins où, ce matin encore, étaient les Anglais.

---

(1) « N'imitant pas l'incurie prolongée de Napoléon,...... Grouchy aurait dû envoyer une forte reconnaissance ou deux sur la direction de Wavre. » (Charras ; tome II, page 291 ; Note M., 3e édition.)

» Notre communication sera donc directe *par la route pavée de Namur*. Si l'ennemi a évacué Namur, écrivez au général commandant la 2ᵉ division militaire à Charlemont, de faire occuper Namur par quelques bataillons de garde nationale et quelques batteries de canons qu'il formera à Charlemont; il donnera le commandement à un maréchal de camp.

» Il est important de pénétrer ce que l'ennemi veut faire, où il se sépare des Anglais, où ils veulent encore se réunir pour couvrir Bruxelles et Liège en tentant le sort d'une nouvelle bataille. Dans tous les cas, tenez constamment vos deux corps d'infanterie réunis dans une lieue de terrain et occupez tous les soirs une bonne position militaire ayant plusieurs débouchés de retraite. Placez des détachements de cavalerie intermédiaires pour communiquer avec le quartier général. »

2ᵉ *dépêche.*

En avant de la ferme de Caillou, le 18 juin,
à 10 heures du matin.

« Monsieur le maréchal, l'Empereur a reçu votre dernier rapport daté de Gembloux. Vous ne parlez à Sa Majesté que de deux colonnes prussiennes qui ont passé à Sauvenière et à Sart-Lez-Valhain; cependant, des rapports disent qu'une troisième colonne, qui était assez forte, a passé à Géry et à Gentinnes, se dirigeant sur Wavre.

» L'Empereur me charge de vous prévenir qu'en ce moment, Sa Majesté va faire attaquer l'armée anglaise qui a pris position à Waterloo, près de la forêt de Soignes. Ainsi, Sa Majesté désire *que vous dirigiez vos mouvements sur Wavre, afin de vous rapprocher de nous, vous mettre en rapport d'opérations et lier les communications, poussant devant vous les corps de l'armée prussienne qui ont pris cette direction et qui ont pu s'arrêter à Wavre, où vous devez arriver le plus tôt possible.*

» Vous ferez suivre les colonnes ennemies qui ont pris sur

votre droite par quelques corps légers, afin d'observer leurs mouvements et ramasser leurs traînards. Instruisez-moi immédiatement de vos dispositions et de votre marche, ainsi que des nouvelles que vous avez sur les ennemis et ne négligez pas de lier vos communications avec nous. L'Empereur désire avoir souvent de vos nouvelles.

» Duc de Dalmatie. »

3ᵉ *dépêche.*

Du champ de bataille de Waterloo, le 18 juin, à 1 heure après midi.

» Monsieur le maréchal, vous avez écrit, ce matin à 2 heures, que vous marchiez sur Sart-lez-Valhain; donc, votre projet était de vous porter à Corbaix ou à Wavre. *Ce mouvement est conforme aux dispositions de Sa Majesté qui vous ont été communiquées.* Cependant, l'Empereur m'ordonne de vous dire que vous devez toujours manœuvrer dans notre direction; c'est à vous de voir le point où nous sommes pour vous régler en conséquence et pour lier vos communications, ainsi que pour être toujours en mesure de tomber sur les troupes ennemies qui chercheraient à inquiéter notre droite et de les écraser.

» Dans le moment, la bataille est engagée sur la ligne de Waterloo. Le centre ennemi est à Mont-Saint-Jean. Ainsi, manœuvrez pour joindre notre droite. »

« *P.-S.* Une lettre qui vient d'être interceptée porte que Bulow doit attaquer notre flanc. Nous croyons apercevoir ce corps sur les hauteurs de Saint-Lambert. Ainsi, ne perdez pas un instant pour vous rapprocher de nous et nous joindre et pour écraser Bulow que vous prendrez en flagrant délit.

» Duc de Dalmatie. »

(Reçue devant Wavre le 18 juin, *entre 6 et 7 heures du soir.*)

On voit que les instructions ne sont que trop précises;

elles prescrivent au maréchal *de diriger ses mouvements sur Wavre, poussant devant lui les corps de l'armée prussienne qui ont pris cette direction et ont pu s'arrêter à Wavre où il devra arriver le plus tôt possible*. En prenant la route de Sart-lez-Valhain et Corbais, le maréchal marche sur les traces des Prussiens; il ignore qu'une colonne ennemie se soit retirée par Gentinnes et Mont-Saint-Guibert. Ce fait grave n'arrive à sa connaissance que le 18, vers 4 heures du soir. C'est la cavalerie de l'Empereur (Domont et Milhaud) qui a éclairé la direction Tilly, Gentinnes et fait ses rapports directs à l'Empereur.

On a vivement reproché au commandant de l'aile droite de n'avoir pas suivi l'avis du général Gérard qui proposait de marcher au canon en se dirigeant sur Mousty et Plancenoit; mais les motifs que le maréchal a allégués pour sa justification sont très fondés. Sa mission était de poursuivre les Prussiens, de les attaquer, de ne jamais les perdre de vue, dès qu'il les aurait joints. Convenait-il d'aller prendre une route détournée, de s'engager dans un mouvement de flanc dangereux, au moment même où on était sur le point d'atteindre l'ennemi devant soi sur la route de Wavre? Le maréchal était d'ailleurs prévenu que l'Empereur allait livrer bataille à l'armée anglo-hollandaise; mais, dans les instructions qui lui ont été adressées, rien, absolument rien n'indique que l'Empereur eût formé le projet de rappeler son aile droite. Si c'était là l'intention du général en chef, il aurait donné des ordres en conséquence et on conviendra, d'ailleurs, que si le maréchal s'est trompé en se dirigeant sur Wavre, l'Empereur a commis une erreur plus grave encore en approuvant ce mouvement, même après que la bataille était engagée.

Abandonner la piste des Prussiens pour se porter sur Maransart et Plancenoit, c'eût été faire de la guerre d'inspiration, et la part d'initiative laissée par l'Empereur à ses lieutenants était toujours sobrement réglée. Devant un ordre précis, il fallait obéir ponctuellement. Entre autres documents, voici deux lettres de la correspondance du major général, qui ne manquent pas d'intérêt à cet égard.

Varsovie, 18 janvier 1807.

Au maréchal Ney.

« J'ai soumis à l'Empereur, Monsieur le Maréchal, votre lettre et une du maréchal Bernadotte qui fait connaître les mouvements que vous avez faits sans ordre de Sa Majesté; elle me charge de vous en témoigner son mécontentement, et même elle les regarderait comme une désobéissance à ses ordres si, du moment où vous avez reçu l'ordre de cantonnements, vous n'aviez point manœuvré pour les prendre ainsi qu'ils vous ont été prescrits. *L'intention de Sa Majesté n'est point d'aller à Kœnigsberg; elle vous eût fait passer ses ordres, si tels eussent été ses projets.* L'Empereur, Monsieur le Maréchal, dans l'ensemble de ses projets, n'a besoin ni de conseils ni de plans de campagne.

» Personne ne connaît sa pensée; notre devoir est d'obéir...

» *Le Major général.* »

2 nivôse an XIV (1805).

Au général Marmont.

« J'ai soumis à l'Empereur votre dernière lettre, Général. Sa Majesté a été fâchée des observations que vous faites *et me charge de vous dire que ses ordres doivent être ponctuellement exécutés.* Tout ce que vous dites serait bon si, préalablement, vous aviez envoyé une division à Brück, parce que vous ne ne connaissez ni les projets de l'Empereur, ni l'état de la question. Sa Majesté ne confie ses plans à personne.»

Le général Marmont était en ce moment *détaché* avec son corps d'armée.

On a encore reproché au maréchal de n'avoir point formé deux colonnes, l'une par Mont-Saint-Guibert, l'autre par Valhain (1). C'eût été très dangereux et c'était d'ailleurs formellement interdit : « Dans tous les cas, tenez constamment vos deux corps d'infanterie réunis dans une lieue de terrain (1ʳᵉ dépêche). » Les deux routes de Mont-Saint-Guibert et de Valhain sont, pendant un long trajet, distantes de deux lieues. Avec une aussi grande infériorité numérique, la nécessité de tenir les forces réunies s'imposait dans toute sa rigueur.

Le maréchal Grouchy n'est pas plus coupable pour avoir fourni à l'Empereur des renseignements incomplets et inexacts sur la marche des Prussiens. Le maréchal devait ignorer et l'Empereur savait, le 17 au soir, par les rapports de sa cavalerie, qu'une colonne ennemie s'était retirée par Tilly, Gentinnes sur Wavre. Mais, indépendamment de ce fait qui a bien son importance, est-il aisé, en général, de recueillir des informations précises sur les opérations de l'ennemi ? C'est montrer une profonde ignorance des choses de la guerre que de prétendre, comme le font certains auteurs, que Grouchy n'avait qu'à lancer ses escadrons dans toutes les directions et qu'en quelques heures il aurait été renseigné sur les mouvements de l'armée prussienne (2). Après Iéna et Austerlitz, batailles bien autrement décisives que celle du 16 juin 1815, c'est à peine si, le lendemain dans la soirée, on était parvenu à recueillir quelques indices sur la vraie ligne de retraite de l'ennemi.

---

(1) « Les troupes de Gérard et de Vandamme avançaient péniblement avec d'autant plus de lenteur que, *par une disposition bien étrange,* elles formaient, il faut y insister, une seule colonne. » (Charras, tome II. page 35, 5ᵉ édition.)

(2) « Grouchy, que Napoléon avait quitté à 11 heures du matin, aurait dû, à 3 ou 4 heures de l'après-midi, savoir la vérité, etc. » (Thiers.)

12 frimaire, 10 heures du soir.

Au maréchal Soult.

(La bataille est du 11). « Vos troupes, Monsieur le Maréchal, ont été à Vischau, de Vischau à Prosnitz et aucun parti de l'ennemi ne s'est retiré par là ; il paraît, au contraire, que l'ennemi s'est retiré d'Austerlitz par Urschatz, à 6 heures du soir. »

En 1870, après leur victoire de Wœrth, les Prussiens ont perdu le contact des troupes battues le lendemain même et ne sont parvenus à le rétablir que vingt jours après, le 26 août. Durant cette longue période, ils n'ont jamais pu se renseigner sur la marche des 1er et 5e corps français ni sur les mouvements ultérieurs de l'armée de Châlons. Mais, à quoi bon citer des exemples ? Il est élémentaire et on devrait savoir qu'à la guerre on n'a presque toujours que des données très incomplètes, très incertaines sur les agissements de l'ennemi. Les renseignements sont vagues, faux, exagérés, souvent même contradictoires. Et si, par un heureux hasard, on a pu recueillir des informations exactes, il faut se hâter de les mettre à profit, car sans cela la situation pourrait se trouver complètement modifiée.

Le maréchal Grouchy a encore été blâmé pour s'être mis en marche beaucoup trop tard dans la matinée du 18 (1). Il est vrai que le 3e corps qui formait la tête de colonne ne s'est mis en mouvement que vers 8 heures ; mais il est vrai également qu'un ordre du maréchal prescrivait à ce corps d'armée de partir à *six* heures du matin. Le général Vandamme est seul responsable de ce retard et, eu égard aux circonstances, l'heure fixée par le commandant en chef était assez mati-

---

(1) « Partant de Gembloux à *trois* heures du matin et non à sept, marchant sur *deux* colonnes et non sur une seule…, Grouchy…, » etc. (Charras), tome II, page 62. — 5e édition.)

nale. La veille, les soldats de Gérard et de Vandamme, après
une marche de sept heures par « une pluie torrentielle et
d'épouvantables chemins » n'avaient pris leurs bivouacs
qu'entre 9 et 10 heures. Pendant la nuit du 17 au 18, le temps
a été horrible, et, dans ces conditions, il est aisé de se rendre compte qu'il était à peu près impossible de mettre les
troupes en marche avant 6 heures du matin.

Les historiens s'étonnent de ne pas voir Grouchy sur la
route de Wavre dès le point du jour (1), dès 3 heures ; ils
invoquent l'exemple de Bulow qui levait ses bivouacs de
Dion-le-Mont aux premières lueurs du jour. Le colonel
Charras, en particulier, se plait à rappeler cette circonstance ; c'est un de ces thèmes favoris qu'il répète à satiété
pour les besoins de la cause (2). On pourrait répondre avec
quelque raison que les troupes de Bulow n'avaient pas souffert dans la soirée du 17 comme celles de Gérard et de Vandamme ; qu'elles étaient au repos depuis 4 heures de l'après-
midi ; mais il est bien inutile d'engager une controverse à ce
sujet ; l'argumentation du colonel Charras repose sur une
erreur matérielle. Les troupes de Bulow, qu'on nous montre
levant leurs bivouacs dès le point du jour, ne sont mises en
mouvement qu'à *sept* heures du matin

Il résulte de la discussion qui précède qu'on ne saurait,
sans injustice, reprocher au maréchal Grouchy d'avoir con-
tinué à marcher sur Wavre, malgré l'avis ouvert par le général Gérard à Sart-lez-Valhain, alors qu'on entendait le canon
de Waterloo. En poussant droit devant lui, le commandant
de l'aile droite se conformait à ses instructions, car le mouvement sur Wavre est ordonné et approuvé dans les deux
dépêches de l'Empereur, la seconde écrite pendant la bataille
même. On s'est demandé si la manœuvre proposée par le
général Gérard aurait pu conjurer le désastre de Waterloo

(1) La Tour d'Auvergne, page 377. — Thiers. — Charras, etc.
(2) Voir Charras, tome Ier, page 307, et tome II, pages 42, 56, 366, etc..

et cette question a soulevé une polémique très ardente. Les opinions les plus contradictoires ont été émises. Le colonel Charras, en particulier, a traité ce sujet avec de grands développements. Nous avons déjà eu plusieurs fois l'occasion de réfuter les critiques très étudiées et souvent très habiles de cet historien ; mais, comme sa version est aujourd'hui généralement admise, comme on a dit de lui et à propos de son ouvrage *qu'il avait épuisé la matière*, il ne sera pas hors de propos d'analyser encore une fois la méthode et les conclusions de cet auteur.

Le colonel Charras a vraiment beau jeu quand il relève les nombreuses erreurs de « notre grand historien national ». Etranger aux choses de la guerre, admirateur quand même de Napoléon qu'il considère comme un capitaine infaillible, l'auteur du *Consulat et de l'Empire* a composé une légende ou, si l'on aime mieux, un roman ; il ne faut donc pas s'étonner s'il a mal choisi ses exemples dans la thèse qu'il soutient pour démontrer que le maréchal Grouchy aurait pu faire une diversion efficace, le 18 juin, à Waterloo. Le colonel Charras est naturellement d'un avis contraire ; mais son argumentation, bien loin d'être irréprochable, ne résiste pas plus que celle de l'écrivain impérialiste à une analyse fondée sur la connaissance des faits et sur l'application des vrais principes de guerre.

Dans la discussion qui s'est engagée sur l'opportunité du changement de direction proposé par Gérard à Sart-lez-Walhain, les historiens ont augmenté ou diminué le temps et les distances selon la thèse à défendre. Il est aisé pourtant de résoudre le problème, si l'on veut être de bonne foi. On sait que le mouvement vers la gauche aurait pu commencer à midi et demi, qu'à cette heure la tête de colonne était au delà de Vil-Saint-Vincent, près de Corbais sans doute, et que, de ce point à Maransart, il n'y a pas cinq lieues métriques. Malgré la difficulté des chemins, ils est très vraisemblable qu'un corps d'armée marchant au canon aurait franchi cette distance en six heures. Les troupes de Vandamme auraient donc pu apparaître sur le champ de bataille vers 6 h. 1/2, c'est-à-dire en temps utile; car jusque-là rien n'était encore compromis et il restait encore plus de deux heures de jour pour ressaisir la victoire; même, en admettant une demi-heure en plus pour la durée du trajet, il eût été encore temps, car on serait arrivé à 7 heures, c'est-à-dire au moment où la garde chassait les Prussiens de Plancenoit.

Les troupes de Vandamme ont mis six heures, il est vrai, pour se rendre de leurs bivouacs à la Baraque; mais, quoi qu'en dise le colonel Charras, aucun officier d'état-major ne pourra établir qu'il faut *six* heures pour franchir *quinze* kilomètres (1). Il est beaucoup plus rationnel d'admettre qu'on aurait pu accélérer le mouvement dans une mesure très sensible. L'exemple de la marche de Vandamme entre Gembloux et la Baraque, cité par Thiers à l'appui de sa thèse, sans motifs suffisants, ne saurait non plus être invoqué comme un argument valable en faveur de l'opinion contraire.

Puisqu'on cherche des exemples, dit le colonel Charras, pourquoi ne pas citer ceux qu'offre l'armée prussienne dans la journée du 18 juin? Il rappelle que Zieten, campé à Bierges, est parti à midi et que la division d'avant-garde n'est entrée en ligne qu'à 7 h. 1/2; la distance à parcourir est cependant bien inférieure à celle de Vil-Saint-Vincent à Maransart. On peut répondre que, d'après des auteurs dignes de foi, Zieten n'est parti qu'à *une* heure; qu'en approchant du champ de bataille, l'erreur d'un aide de camp a provoqué un retard considérable; qu'enfin, par une disposition étrange, les troupes de Zieten et celles de Bulow ont dû se croiser en

(1) Voir Charras, tome II, page 350, note 2. — D'après l'auteur, les troupes auraient mis sept heures pour arriver à la Baraque; mais il serait aisé d'établir que le 3ᵉ corps est parti à 8 heures du matin et non pas à 7, comme le colonel Charras le prétend.

route. Par tous ces motifs, l'exemple de Zieten, si concluant au dire du colonel Charras, est absolument sans valeur.

On pourrait encore, selon lui, invoquer la marche de Bulow, tout au moins de sa division d'avant-garde; mais cette marche prouve justement le contraire de ce que l'auteur veut démontrer; car nous savons que les troupes de Bulow ne sont pas parties au point du jour, comme on le suppose, mais bien à 7 heures, et l'avant-garde atteignait Chapelle-Saint-Lambert vers 11 h. 1/2. Or, il suffit de jeter les yeux sur la carte pour se convaincre que, si Bulow a franchi en quatre heures et demie la distance qui sépare Dion-le-Mont de Chapelle-Saint-Lambert en traversant le défilé de Wavre, Vandamme aurait pu également se porter en six heures de Corbais à Maransart.

Nous sommes donc en droit de conclure que les distances ne s'opposaient pas à une coopération efficace de l'aile droite française sur le champ de bataille de Mont-Saint-Jean (1).

Mais il y a lieu encore de rechercher quelle influence le changement de direction du maréchal Grouchy aurait pu exercer sur les mouvements de l'armée prussienne. Le colonel Charras se lance, à ce sujet, dans les conjectures les plus fantaisistes, on peut même dire les plus extravagantes. Il nous montre, à tout propos, l'arrière-garde ennemie sous les ordres d'un certain colonel Ledebur, qui aurait lu immédiatement dans tous nos projets, et il oublie que ce faible détachement a dû se replier en toute hâte devant nos dragons pour chercher un refuge dans les lignes prussiennes. Il suppose la manœuvre à peine ébauchée, aussitôt découverte, la nouvelle transmise instantanément, le maréchal Blücher et ses

---

(1) La fameuse expérience de Quinet, d'après laquelle un piéton, se portant lestement de Sart-lez-Walhain à Plancenoit, met cinq heures et demie pour franchir cette distance, confirme également nos conclusions; car de Corbais à Plancenoit, un piéton ne mettrait que quatre heures et demie tout au plus. L'évaluation de six heures pour un corps d'armée est donc sensiblement exacte.

commandants de corps prenant sur-le-champ les mesures les plus appropriées à la circonstance. Enfin l'exécution elle-même n'aurait soulevé aucune difficulté, n'aurait rencontré aucun obstacle. Il serait oiseux de relever une à une toutes les invraisemblances que l'auteur a accumulées à ce propos dans son récit et dans les notes annexées à son ouvrage. Pour réfuter en bloc son argumentation, il suffira de faire voir que la manœuvre projetée, qu'il considère comme inutile et inefficace, pouvait arriver à bon terme et aurait très probablement conjuré le désastre.

Quand Gérard proposait un mouvement général de toutes les troupes vers la Dyle, il ignorait sans doute que le corps d'Excelmans était déjà en présence de l'armée prussienne. Le changement de direction ne se conçoit, ne pouvait s'effectuer que sous le couvert de la cavalerie. Au lieu de galoper vers la Dyle, comme le suppose bien à tort le colonel Charras, les dragons d'Excelmans et, au besoin, une partie des troupes de Valin seraient restés en observation sur les routes de Ware, la droite vers Neuf-Sart, la gauche appuyée à la rivière et, en arrière de ce rideau, Vandamme, précédé de quelques escadrons, aurait gagné les ponts de Mousty et d'Ottignies qui n'étaient pas défendus.

Ce mouvement intérieur, masqué par une cavalerie nombreuse, ne pouvait être découvert que fort tard, après le passage de la Dyle et, dès lors, les généraux prussiens n'étaient plus en mesure de s'opposer à la marche de l'aile droite française.

L'apparition des dragons d'Excelmans vers Neuf-Sart a provoqué une halte et un déploiement des deux dernières divisions de Pirch au nord de la Baraque.

Mais ces troupes ont repris leur marche peu de temps après, sans se préoccuper autrement de Grouchy ou de Vandamme. Dans l'hypothèse d'un changement de direction, comme le mouvement aurait été masqué par la cavalerie, les deux dernières divisions de Pirch qui devaient, en exé-

cution des ordres reçus, suivre la trace des deux premières,
se seraient également repliées sur Wavre pour prendre
ensuite la direction de Chapelle-Saint-Lambert. D'après les
instructions du général en chef, Thielmann, chargé de
l'arrière-garde, devait laisser défiler toutes les autres troupes
avant de se mettre lui-même en marche. Et, si l'on considère
que Zieten et les deux premières divisions de Pirch ne sont
partis de Wavre qu'à midi ou même un peu plus tard ; que
ces deux colonnes, fortes l'une de 10, l'autre de 17,000 hommes, devaient se croiser en route, on peut aisément se rendre
compte que toutes les troupes qui devaient suivre auraient
été arrêtées dans les environs de Wavre jusque vers 4
heures et que, par suite, les divisions Brause et Reckow,
le corps de Thielmann et les détachements de Hengel et de
Ledebur (au total, 35,000 hommes) se seraient trouvés dans
l'impossibilité de prendre part à la bataille de Waterloo ; car
on sait que les deux dernières divisions de Pirch, parties de
Wavre vers 4 heures, n'ont pu arriver qu'à la nuit sur les
bords du ruisseau de Lasne.

On peut aussi se convaincre que le maréchal Grouchy
aurait eu une avance considérable sur les troupes que nous
venons de mentionner. D'après le colonel Charras, les
Français n'auraient pas atteint les ponts de Mousty et d'Ottignies avant *cinq* heures ; mais cette assertion exorbitante
ne supporte pas l'examen. Changeant de direction vers midi
et demi près de Corbais, Vandamme se serait trouvé à deux
lieues environ des ponts de la Dyle et aurait pu franchir cette
distance en deux heures et demie ; car le sol se serait raffermi
depuis la matinée, et l'avant-garde de Bulow, il y a lieu de
le rappeler, n'a mis que quatre heures et demie pour se
rendre de Dion-le-Mont à Chapelle-Saint-Lambert, en traversant le défilé de Wavre. Il suffit de jeter les yeux sur la
carte pour voir, d'après cet exemple, que les Français
auraient pu déboucher sur la rive gauche de la Dyle vers
trois heures. Et, si l'on se souvient que les deux divisions

de Pirch et le corps de Thielmann n'auraient quitté Wavre qu'une heure plus tard, on n'aura pas de peine à concevoir, en comparant le temps et les distances, qu'aucun conflit ne pouvait se produire entre ces troupes et l'aile droite française. Car, pour atteindre la route de Mousty à Maransart par les chemins de traverse les plus voisins de la Dyle, il aurait fallu trois heures, et, en suivant la direction de Chapelle-Saint-Saint-Lambert, nous savons que les troupes parties de Wavre vers 4 heures n'ont pu arriver qu'à la nuit près des villages de Lasne et de Coulture-Saint-Germain.

La cavalerie d'Excelmans et de Valin, et, plus tard, celle de Pajol, auraient couvert le mouvement sur la rive gauche comme sur la rive droite de la Dyle et, afin de pourvoir dans une large mesure à la sûreté de la marche, on aurait pu former une arrière-garde de 5,000 à 6,000 hommes chargée, au besoin, de disputer le terrain aux troupes venant de Wavre. Déduction faite de cette arrière-garde, il reste encore 27,000 hommes avec lesquels le maréchal Grouchy aurait pu rejoindre l'armée de l'Empereur et, dès lors, pour combattre à Mont-Saint-Jean, on trouve une proportion de 100,000 Français contre 125,000 Anglo-Prussiens (1).

Si l'on objecte qu'en raison de l'heure avancée, une partie des troupes de Gérard aurait été peut-être hors d'état d'entrer en ligne, nous ferons observer que, dans l'évaluation des forces alliées disponibles, nous comprenons le corps entier de Zieten, tandis que l'avant-garde a été seule engagée vers

---

(1) Français.

Avec l'Empereur	72 à 73,000	hommes.
Aile droite	27,000	—
TOTAL	100,000	—

Alliés.

Anglo-hollandais	70,000	hommes.
Bulow (moins Ledebur)	28,000	—
Zieten (moins Stengel)	17,000	—
Pirch (2 divisions)	10,000	—
TOTAL	125,000	—

7 h. 1/2 et que les autres troupes ne sont arrivées sur le champ de bataille qu'à la nuit tombante. Le rapport des forces en présence aurait donc été très sensiblement celui que nous venons d'établir et, dans cette hypothèse, nous croyons fermement que le génie de l'Empereur et la supériorité morale des troupes françaises leur auraient assuré la victoire.

Il est très probable, en effet, que Bulow, pressé vivement de front par Lobau et la garde et surpris en flanc par l'agression de Vandamme, aurait été repoussé avec de grandes pertes et on peut prévoir aussi que l'Empereur aurait su, comme dans d'autres circonstances, mettre à profit ce succès qui devait produire une impression morale très profonde. Le temps n'aurait pas manqué d'ailleurs, car il restait encore plus de deux heures de jour. Notre croyance dans le succès final de l'Empereur se fonde sur l'exemple de la bataille du 16. La proportion des forces engagées à Ligny a été de 64,000 hommes contre 87,000. Après cette victoire et dans le rapport de 100,000 hommes contre 125,000, les chances de succès auraient été plus grandes au double point de vue matériel et moral et, dès lors, il y a tout lieu de croire qu'avec le concours de son aile droite, l'Empereur aurait triomphé de ses ennemis dans la soirée du 18 juin.

La discussion qui précède nous montre également que le maréchal Grouchy, changeant de direction près de Corbais, pouvait arriver sur Plancenoit en temps utile ; mais ce résultat ne saurait être considéré comme absolument certain. Dans les choses de la guerre, il faut faire une large part à l'imprévu ; des incidents, des difficultés, des erreurs auraient pu se produire et la seule conclusion rationnelle que l'on puisse tirer de ce débat, c'est que notre opinion est beaucoup plus probable que l'opinion contraire.

Le colonel Charras déclare, sans aucune hésitation, que le maréchal Grouchy ne pouvait rien changer au résultat de la journée. « Il aurait marché plus tôt, manœuvré comme l'indiquaient les circonstances et les règles de la stratégie, que le désastre de Waterloo n'eût été ni moins sûr, ni moins complet. La raison absolue, péremptoire de cette assertion, c'est l'infériorité numérique des forces du maréchal relativement à l'armée prussienne. »

Nous savons déjà que ces allégations ne sont pas justifiées. Néanmoins, il nous semble utile d'examiner encore de plus près l'argument absolu, péremptoire que fait valoir le colonel Charras, parce que les idées de l'auteur ont été reproduites par d'autres critiques. Chesney croit résumer victorieusement la discussion en disant que le maréchal Grouchy n'aurait pu, dans aucun cas et par aucun moyen, arrêter plus de deux des quatre corps prussiens ; mais, pour résoudre la question comme il le fait en faveur des alliés, il faudrait prouver encore que les deux autres auraient combattu à Waterloo. Le mouvement du maréchal Grouchy sur Maransart n'avait pas d'ailleurs pour but d'arrêter l'armée prussienne ; il suffisait d'arriver à Plancenoit, et nous avons vu que la chose était possible.

On objecte que, si le maréchal avait réussi à faire sa jonction, l'armée prussienne tout entière se serait réunie aux Anglo-Hollandais et que la puissance du nombre l'aurait encore emporté. C'est là justement qu'est l'erreur. Il ne faut pas perdre de vue, en effet, les fautes graves que les généraux prussiens ont commises dans leurs opérations du 18. Blücher était loin de supposer que, ce jour-là, l'Empereur ferait un gros détachement sur Wavre : « J'irai vous rejoindre, écrit-il à Wellington, non pas seulement avec deux corps, mais avec mon armée tout entière. » Au moment où la cavalerie française s'est montrée vers Neuf-Sart, la manœuvre était en voie d'exécution. Le maréchal Grouchy n'a pas retardé d'un seul instant, d'une seule minute, la marche de Bulow, de Zieten et des deux premières divisions de Pirch, et l'on sait que les avant-gardes de Pirch et de

Zieten n'ont pu apparaître sur le champ de bataille que vers 7 h. 1/2 du soir.

Si l'on veut bien considérer qu'à 10 heures du matin, 80,000 hommes se trouvaient encore dans les environs de Wavre; qu'à ce moment Pirch et Bulow (1) étaient encore sur la rive droite de la Dyle et devaient défiler par les rues étroites de Wavre pour emprunter ensuite un mauvais chemin de traverse; qu'il fallait, en outre, attendre le passage des troupes de Zieten qui ne sont parties qu'à midi ou même un peu plus tard et qui croisaient en route la colonne principale, il est aisé de concevoir que toute la gauche (c'est-à-dire les 35,000 hommes que les critiques font manœuvrer sans aucun souci du temps et des distances) (2) n'aurait jamais été en mesure de prendre part à la bataille de Waterloo ni de s'opposer à la marche du maréchal Grouchy qui aurait eu sur l'ennemi une avance de plusieurs heures. L'aile droite française aurait donc rejoint l'Empereur ou détourné de leur chemin les troupes prussiennes qui ont combattu à Waterloo et, dans un cas comme dans l'autre, coopération ou diversion, le mouvement sur Maransart pouvait avoir des conséquences décisives. Mais, comme nous l'avons déjà dit, le succès de l'opération n'était pas absolument certain; on pouvait se heurter à des obstacles imprévus, à des difficultés exceptionnelles et, si le maréchal Grouchy avait échoué, ceux qui lui reprochent si amèrement d'avoir fermé les yeux à l'évidence en rejetant les conseils de Gérard, seraient les premiers à lui faire un crime d'avoir violé ses instructions, de s'être engagé dans un mouvement de flanc dangereux, dans une entreprise impossible, au moment même où il suffisait de faire quelques pas

---

(1) Bulow, moins la division de l'avant-garde.

(2) Les deux dernières divisions de Pirch, le corps de Thielmann et les détachements Ledebur du corps de Bulow et Stengel de celui de Zieten.

sur la route de Wavre pour atteindre et pour arrêter sûre-
ment l'armée prussienne.

III

L'EMPEREUR

- Les historiens relèvent comme une faute grave le temps
perdu dans la matinée du 17 juin et, selon leurs tendances,
les uns accusent l'Empereur, les autres ses lieutenants. On
se plaît à rappeler Iéna, Ratisbonne, Dresde. On s'étonne
de ne pas voir l'armée française en marche dès le point du
jour (1). A notre avis, ces critiques ne sont pas fondées;
elles dénotent, au contraire, une ignorance profonde des
lois de la grande guerre. Il y a bien une différence entre les
événements du 17 juin et ceux qui ont suivi les batailles
d'Iéna, d'Eckmül ou de Dresde; mais il ne faut pas l'attribuer à une défaillance du capitaine; elle est dans les situa-
tions, qui ne comportaient pas l'emploi des mêmes moyens.
Il faut se rappeler, en effet, que la bataille de Ligny est une
des plus acharnées, des plus terribles dont l'histoire militaire fasse mention. Des deux côtés, on s'était battu « avec
une fureur qui avait fait frémir les hommes même les plus
habitués à contempler de sang-froid les horreurs de la

---

(1) Charras, tome Ier, page 233; tome II, pages 261, 274, 275, 80, etc.
« On est obligé de reconnaître que les Français, dans la journée du
17, ne déployèrent pas cette activité remarquable qui avait présidé
aux événements de Ratisbonne en 1809, de Dresde en 1813, de
Champ-Aubert et de Montmirail en 1814. » (La Tour-d'Auvergne,
page 208.)
« On doit, même la nuit, poursuivre à outrance un ennemi qu'on a
vaincu. L'Empereur manqua complètement à cette règle. Ce n'est que
le lendemain à midi qu'il donna l'ordre de poursuivre et dans une
direction défectueuse. Quelle différence avec la poursuite faite aux
Prussiens après Iéna et avec celle que Blücher devait faire deux jours
après, le soir de la bataille de Waterloo! » (Cours de l'Ecole supérieure de guerre en 1883, grande tactique.)

guerre. » Le 3e et le 4e corps avaient perdu près du *quart* de leur effectif. A 9 h. 1/2 du soir, on fusillait encore sur la ligne des avant-postes. Aux Quatre-Bras, la lutte avait atteint également une violence extrême. Les soldats de Gérard, de Vandamme et de Reille étaient donc épuisés de fatigue. Il fallait, de toute nécessité, leur accorder un repos de plusieurs heures; il fallait, en outre, rallier les traînards, les détachements et remplacer les munitions consommées. La matinée était nécessaire pour mener à bonne fin ce travail de réorganisation intérieure. L'armée ne pouvait reprendre ses opérations actives que vers 10 heures (1). L'Empereur en avait jugé ainsi; car, d'après ses instructions, l'aile gauche et les réserves devaient se mettre en mouvement entre 10 et 11 heures pour combiner, s'il était nécessaire, une attaque de front et de flanc contre les Anglais, aux Quatre-Bras. Les historiens et les critiques se trompent donc grossièrement quand ils prétendent que l'armée aurait pu se mettre en marche avant 4 heures et, ce qui est encore plus déraisonnable, c'est de dire que les troupes ne voulaient pas de repos, qu'elles ne demandaient qu'à marcher de très bonne heure, qu'elles étaient *irritées, exaspérées* de l'inaction où on les laissait (2). Mettre, comme on le propose (3), les troupes en mouvement dès le point du jour et les jeter contre les Anglais dans l'état d'épuisement, dans le désordre où les avait laissées la bataille et sans les ravitailler en munitions, eût été l'entreprise la plus téméraire, la plus folle qu'il soit possible d'imaginer. Dans la matinée du 17 juin, 46,000 hommes (la moitié de l'armée anglo-hollandaise) se trouvaient aux Quatre-Bras. D'impor-

---

(1) Blücher écrit lui-même à Wellington que ses troupes seraient prêtes à combattre encore dès qu'il leur aurait fait distribuer des vivres et des cartouches.

(2) Charras, tome II, page 261.

(3) Charras, tome II, pages 274, 275.

tants renforts étaient en marche pour rejoindre, et Wellington avait encore, à trois lieues sur la droite, à Nivelles, un corps de 21,000 hommes qu'il pouvait appeler en temps utile. Napoléon n'ignorait pas que les Anglais avaient eu largement le temps de se réunir et qu'aux Quatre-Bras on pouvait se heurter à une armée de 90,000 hommes, composée en grande partie de troupes fraîches et peut-être solidement retranchée; il fallait donc procéder avec méthode. Les instructions adressées au maréchal Ney avaient prévu cette hypothèse; elles prescrivaient, dans ce cas, d'attendre l'attaque que l'Empereur devait diriger sur le flanc gauche de l'ennemi, par la route de Sombreffe.

On voit combien une pareille situation diffère de celle du lendemain d'Iéna ou d'Eckmühl ou de celle que devait créer, deux jours plus tard, le désastre de Waterloo. Après Iéna, comme après Waterloo, les vainqueurs n'avaient devant eux que des fuyards sans défense, tandis que le 17 juin 1815, il fallait manœuvrer selon les règles, contre une armée à peu près égale en nombre et qui, la veille, s'était maintenue victorieusement aux Quatre-Bras. Il est vrai que les règles de Napoléon ne sont pas celles des professeurs d'art militaire et, pour preuve, nous invoquerons encore l'opinion du général Berthaut, qui est, en quelque sorte, le chef de l'école française moderne, et dont les œuvres sont aujourd'hui classiques. Le général Berthaut nous dit, dans ses *Principes de Stratégie,* que le mouvement aurait dû commencer le 16, après la bataille, et que Grouchy aurait pu arriver le lendemain matin à Wavre. De Ligny à Wavre, la distance est de 32 kilomètres, et le 4e corps a levé ses bivouacs du Châtetet le 16, vers 10 heures du matin. Ainsi, les soldats de Gérard, qui ont soutenu, de 2 h. 1/2 jusqu'à 9 heures du soir, une des luttes les plus furieuses dont l'histoire militaire ait conservé le souvenir, auraient dû encore, et dans les vingt-quatre

heures, effectuer un trajet de 11 lieues ou 44 kilomètres (1).
Il ne faut pas confondre ces conceptions extravagantes avec
les réalités de la guerre. Nous savons, en effet, qu'avant de
reprendre les opérations actives le 17, avant de marcher
aux Anglais, un délai de quelques heures était nécessaire
non seulement en raison des fatigues de la veille, mais
encore pour compléter les corps de troupe en personnel, en
vivres et en *munitions*. Mais il semble qu'en faisant diligence, l'armée française aurait pu de nouveau se mettre
en mouvement entre 10 et 11 heures du matin et, à ce
moment, en effet, l'Empereur dirigeait vers les Quatre-Bras
le corps de Lobau, suivi peu de temps après par la garde
impériale. Le maréchal Ney aurait dû lui-même, d'après ses
instructions, se porter aux Quatre-Bras et y prendre position, dès que la retraite des Anglais commença à se dessiner, c'est-à-dire vers 10 heures. Mais, impressionné, sans
doute, par les événements de la veille, le commandant de
l'aile gauche ne se mit en marche que lorsqu'il vit la
colonne principale déboucher par la chaussée de Namur. Le
maréchal Grouchy ne reçut lui-même l'ordre de départ que
vers midi ou midi et demi; mais cette circonstance s'expli-
que si l'on observe que l'Empereur attendait les rapports
des reconnaissances envoyées aux Quatre-Bras. Et il con-
servait toutes ses forces dans sa main, afin d'être en mesure
d'écraser les Anglais s'ils acceptaient la bataille.

Les troupes de Vandamme, de Gérard et de Reille
n'étaient pas disponibles dans la matinée du 17, du moins de
bonne heure. Pour attaquer les positions anglaises aux
Quatre-Bras, vers 6 heures du matin, on n'aurait pu
mettre en ligne que d'Erlon, Lobau et la garde (environ

---

(1) Programme du général Berthaut pour le 4e corps, du 16, à 10
heures du matin, au 17, à la même heure : « Avant l'action, marche
de 12 kilomètres, de 2 h. 1/2 à 9 heures du soir, bataille furieuse.
Pas de repos, pas de sommeil. Marche de 32 kilomètres, en partie de
nuit, et par de mauvais chemins de traverse. »

45,000 hommes, et « comment raisonnablement admettre que Napoléon ait voulu lancer une partie de son armée dans l'aventure précipitée d'une bataille sanglante contre un ennemi peut-être fort supérieur en nombre (1) ». Ce sont les paroles mêmes dont le colonel Charras se sert pour justifier le maréchal Ney. L'argument qu'il invoque est, en effet, très valable; mais il ne saurait cesser de l'être parce que Napoléon est en cause; les délais de la matinée étaient imposés par les circonstances.

Quand on rappelle l'activité déployée par Napoléon après Dresde, on oublie que la poursuite hâtive et désordonnée des Français a amené le désastre de Kulm, et on ne voit pas que, le 18 juin 1815, la situation était bien plus délicate qu'après Dresde. L'armée prussienne se retirait en bon ordre; elle n'était qu'à demi-vaincue, et, sur leur flanc gauche, les Français pouvaient être attaqués par une autre armée de 90,000 hommes qui venait de remporter un succès. Il est vraiment inconcevable qu'on vienne comparer une pareille situation au lendemain d'Iéna ou de Waterloo.

Pour en finir avec les prétendus retards de la matinée du 17 juin, nous discuterons encore une accusation générale que le colonel Charras lance à ce propos contre les opérations des Français dans cette campagne.

« Les soldats de Vandamme et de Gérard, dit l'auteur, pouvaient alors ce que si souvent avaient pu leurs aînés, ce que, bien des fois, eux-mêmes avaient pu en pareille circonstance. Vainqueurs, excités par la victoire, ils pouvaient autant que les Prussiens vaincus, les Prussiens qui la veille avaient pris, plus tard qu'eux, leurs bivouacs, qui les avaient quittés avant le jour et qui cheminaient vers Wavre sans s'arrêter; ils pouvaient enfin ce qu'allait si tôt faire Bulow contre nous-mêmes. Accouru haletant de Liège à Sauvenière, puis à Wavre, puis à Plancenoit, où il perdra

---

(1) Charras, tome II, page 263.

le quart de son effectif, Bulow fatigué, tout sanglant, lui aussi, mais poussé par Blücher qui osera ce que Napoléon n'a pas osé après la victoire, Bulow nous poursuivra pendant la nuit de la grande défaite qui nous attend, reprendra à peine haleine, pendant quelques instants, après le lever du jour, et, dans la journée même, ira camper à Fontaine-l'Evêque, à huit lieues de Plancenoit (1). »

D'après ce tableau émouvant, on pourrait croire que Napoléon laissait son armée dans une inaction honteuse. Pour en juger, comparons froidement et sans phrases les fatigues supportées par les soldats de Bulow et par ceux de Gérard, dans cette période de cinq jours, du 15 au 19 juin 1815.

Au point de vue de la marche, on peut voir sur la carte que la différence n'est pas sensible. Bulow est allé de Liège à Sauvenière, de Sauvenière à Wavre, de Wavre à Plancenoit, de Plancenoit à Fontaine-l'Evêque; Gérard, de Philippeville à Ligny, de Ligny à Gembloux, de Gembloux à Wavre, de Wavre à Sombreffe. Mais, pour ce qui est du combat, les tâches sont, au contraire, très inégales: Bulow n'a combattu qu'à Waterloo et n'est entré en ligne qu'à 4 1/2 du soir; les Prussiens accusent cependant une perte de 6,000 hommes pour leur quatrième corps; mais il y a lieu de croire que ce chiffre est exagéré. Engagée depuis 11 h. 1/2 jusqu'au soir contre 55,000 Français, l'armée anglo-hollandaise a perdu, en tout, 15,000 hommes; il n'est pas vraisemblable que les défenseurs de Plancenoit, qui n'étaient qu'au nombre de 16,000, aient infligé au corps de Bulow, en deux fois moins de temps, des pertes aussi considérables. Quoi qu'il en soit, du reste, les troupes de Gérard et de Vandamme ont combattu plus longtemps et ont plus souffert à Ligny que celles de Bulow à Waterloo; elles ont été, en outre, très sérieu-

(1) Charras, tome II, page 259.

sement engagées le 18 et le 19 autour de Wavre où elles ont eu plus de 2,000 hommes hors de combat. Enfin, avant cette période de cinq jours, les Français ont fait plusieurs marches forcées, tandis que l'ennemi se reposait dans ses cantonnements. On voit que la comparaison est toute en faveur des troupes françaises et que l'exemple choisi, au lieu de justifier la thèse du colonel Charras, la condamne de la manière la plus formelle.

Nous n'essayerons pas d'analyser les dispositions de combat et les manœuvres adoptées par les deux adversaires dans la journée du 18 juin. Les progrès de l'armement ont introduit dans la tactique des modifications tellement profondes que l'étude des batailles du commencement de ce siècle n'offre plus qu'un intérêt très secondaire. Ce n'est pas là, d'ailleurs, le seul motif de la réserve que nous croyons devoir nous imposer à cet égard ; nous admirons les écrivains qui décernent souverainement l'éloge ou le blâme en semblable matière ; mais il nous est impossible de les suivre et même de les comprendre. A notre avis, il manque au problème des données qui seraient absolument nécessaires pour le résoudre en connaissance de cause. Apprécier comme on le fait des dispositions de combat d'après certaines circonstances topographiques ou d'après la situation des lignes de retraite, c'est ne voir qu'un côté de la question, c'est oublier qu'à la guerre, les influences morales exercent très souvent une action prépondérante. Le choix, dans l'offensive, d'une zone ou d'une direction qui semble théoriquement peu favorable a été peut-être motivé par la faiblesse relative de la défense ou par l'énergie supérieure de l'attaque sur cette partie du champ de bataille. A une aussi grande distance des événements, comment définir les responsabilités, comment déterminer la part du général en chef, du commandant de corps ou des généraux divisionnaires dans telle ou telle manœuvre ? Comment savoir si elle a été ordonnée par le chef suprême ou si elle a eu lieu sans son consentement, si l'exécution a été conforme au programme puisque les éléments d'appréciation font défaut, puisqu'il faudrait connaître d'une manière précise les instructions verbales qui ont motivé le mouvement et qu'il n'en reste aucune trace? Il nous semble donc rationnel de nous abstenir de toute controverse au sujet des dispositions tactiques employées dans la bataille de Waterloo.

En résumé, et pour conclure, l'étude que nous venons de faire démontre que la critique s'est constamment fourvoyée dans ses appréciations sur les événements de cette campagne; c'est une suite, en quelque sorte, continue d'erreurs, d'inconséquences, de contradictions, de banalités. Assurément, nous ne ferions aucune difficulté d'admettre, si la chose était vraie, que le général de 1815 n'était plus que l'ombre de Bonaparte; mais, à notre avis, c'est toujours le même homme, et la campagne de 1815 ne le cède en rien à celles qui l'ont précédée, à celles que l'on considère comme les plus glorieuses. Toutefois, le lecteur se tromperait fort s'il concluait de ce qui a été dit jusqu'ici que nous approuvons sans réserve toutes les conceptions militaires de Napoléon. Bien loin de voir en lui un capitaine infaillible, nous remarquons avec surprise que cet homme de guerre, malgré tout son génie, s'est souvent écarté des vrais principes, et que le cercle de ses opérations était, en général, trop étendu.

Après la bataille de Ligny, Napoléon fit une faute grave en divisant son armée, en se séparant de son aile droite. Les 33,000 hommes du maréchal Grouchy ne constituaient pas une force suffisante pour manœuvrer avec fruit contre l'armée prussienne. L'avance considérable que cette armée avait prise permettait d'ailleurs de prévoir que ce détachechement ne remplirait pas son objet. Au lieu de s'affaiblir du tiers de son armée, Napoléon devait marcher avec toutes ses forces contre les Anglais; il suffisait de lancer 10 à 12,000 hommes, dont 2 à 3,000 de cavalerie, sur les traces de Blücher pour surveiller ses mouvements. En conservant toute

son armée dans sa main et en attaquant de bonne heure,
Napoléon aurait été certainement vainqueur à Waterloo, et,
selon toutes les vraisemblances, il l'aurait été encore même en
retardant la bataille, comme il l'a fait à tort, jusqu'à 11
heures du matin. Ces conclusions résultent logiquement de
la longue discussion à laquelle nous venons de nous livrer
sur les opérations du 17 et du 18 juin 1815.

Le détachement sur Gembloux était donc une faute grave,
une faute de principe. Mais l'erreur commise le 17 juin 1815
n'est pas nouvelle. On la rencontre, pour ainsi dire, à chaque
pas dans la carrière militaire de Napoléon ; on la retrouve à
Marengo, à Iéna, à Pultusk, à Eylau, à Friedland, à Baut-
zen, à Leipzig. Choisissez, dans le nombre, les manœuvres
les plus vantées, celles que tout le monde célèbre et qui sur-
passent les autres par la grandeur des résultats, Iéna et
Friedland, par exemple. Alors même, la méthode suivie
n'est pas irréprochable. Le 14 octobre 1806, à Auerstaëdt,
Davoust, avec 26,000 hommes, bat 50,000 Prussiens et ce
beau fait d'armes est sans doute un titre de gloire pour le
maréchal et les troupes du 4ᵉ corps ; mais le succès a été
singulièrement facilité par les fautes de l'adversaire. L'expérience indique qu'une supériorité de deux contre un peut
être considérée comme décisive dans le combat, et, très
probablement, à Auerstaëdt, l'issue aurait été tout autre si
les Prussiens avaient pris des dispositions plus judicieuses.
En outre, pouvait-on espérer que le même jour, à Iéna, l'ennemi ferait la faute d'accepter la bataille, n'ayant que
50,000 hommes à mettre en ligne ? Dans ces circonstances,
la retraite était une nécessité, mais, la veille encore, le 13
octobre, si les Prussiens, appliquant le premier principe de
la guerre, qui est de réunir ses forces, avaient pris vigoureusement l'offensive, soit sur leur droite contre le maréchal
Lannes, soit par une manœuvre inverse dans la direction
de Naumbourg, l'armée française aurait été surprise en flagrant délit ; l'ennemi aurait eu en sa faveur une énorme su-

périorité numérique sur l'un ou sur l'autre des deux champs
de bataille.

En 1815, au contraire, les premières opérations sont
mieux conçues et mieux conduites. Si le général d'Erlon
avait exécuté les ordres formels et réitérés qu'il recevait du
grand quartier général, la campagne de Belgique, ouverte le
15, aurait été terminée le lendemain, résultat vraiment mer-
veilleux et qui démontre l'immense supériorité de Napoléon
sur ses deux adversaires. Le 17 juin, l'Empereur forme un
gros détachement qu'il envoie dans une direction excentri-
que ; mais il ne faut pas s'en étonner, c'est une coutume
napoléonienne et la manœuvre de Waterloo est calquée sur
celle de Friedland. En juin 1807, également, et au moment
de livrer bataille, les corps des maréchaux Soult et Davoust,
avec une nombreuse cavalerie sont placés sous les ordres du
prince Murat, et dirigés sur Kœnigsberg à la poursuite du
général Lestocq. Mais, dans la journée du 14, au milieu des
incertitudes et des émotions de la lutte, l'Empereur se ravise
et envoie à son lieutenant l'ordre beaucoup trop tardif de
joindre la grande armée. On peut lire dans la correspondance
impériale la lettre écrite sur le champ de bataille de Friedland
et la comparer à la seconde dépêche adressée de Waterloo
au commandant de l'aile droite : l'analogie est frappante.

Napoléon a donc méconnu souvent les vrais principes de
l'art de la guerre ; mais, par contre, il nous a légué d'admi-
rables exemples, et on peut tirer un très grand profit de l'é-
tude de ses campagnes. Il nous reste à faire voir que la vraie
méthode de guerre diffère essentiellement des systèmes fantaisistes qui ont cours encore aujourd'hui en France et à l'é-
tranger.

PARIS et LIMOGES. — Imp. milit. HENRI CHARLES-LAVAUZELLE.

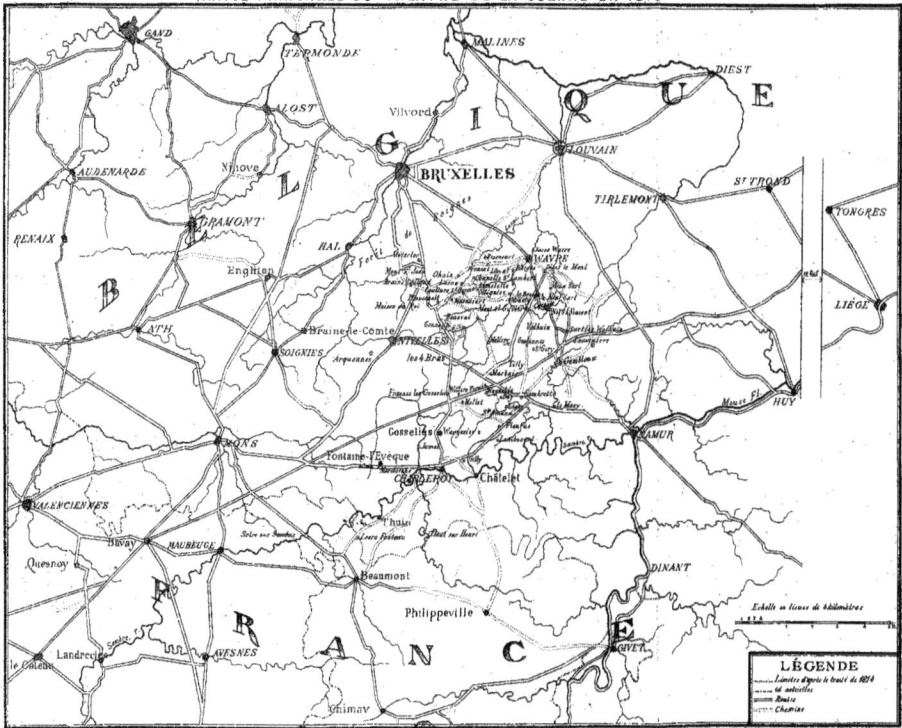

PARTIE PRINCIPALE DU THÉÂTRE DE LA GUERRE EN 1815

LÉGENDE

Revue d'Infanterie

La Vérité sur la Campagne de 1815

CATALOGUE

DE LA

LIBRAIRIE MILITAIRE

Henri CHARLES-LAVAUZELLE

ÉDITEUR DU BULLETIN OFFICIEL DU MINISTÈRE DE LA GUERRE

Chargé de la vente des Produits du Dépôt de la Guerre

La Librairie Militaire Henri Charles-Lavauzelle, à Paris et Limoges, se charge de publier, soit à son compte, soit à celui des Auteurs, tous les Ouvrages militaires se rattachant à sa spécialité; une puissante organisation lui permet d'offrir les meilleurs avantages.

LES COMMANDES ACCOMPAGNÉES D'UN MANDAT POSTAL OU DE TIMBRES-POSTE SONT EXPÉDIÉES *FRANCO*

TABLE DES MATIÈRES

PARIS
11, *Place Saint-André-des-Arts.*

LIMOGES
46, *Nouvelle route d'Aixe*, 46.

IMPRIMERIE ET LIBRAIRIE MILITAIRES

Henri CHARLES-LAVAUZELLE
Éditeur.

PETITE BIBLIOTHÈQUE
DE
L'ARMÉE FRANÇAISE

Honorée d'une souscription de 22,000 exemplaires du ministère de la Guerre et d'une médaille d'or en 1885 de la Société d'instruction et d'éducation de Paris.

Série de Volumes in-32, d'environ 128 pages.
Broché 0,30 et 0,35 franco.
Relié toile anglaise gaufrée et dorée 0,60.

COURS DE TOPOGRAPHIE, à l'usage des officiers et sous-officiers, ouvrage rédigé conformément aux programmes officiels du 30 septembre 1874, par A. LAPLAICHE, professeur de la Société de topographie de France, membre de la Société française de physique, etc. — 2 volumes (5ᵉ édition).
Le 1ᵉʳ de 120 pages, orné de 140 figures ;
Le 2ᵉ de 128 pages, orné de 66 figures.

MÉTHODE D'ENSEIGNEMENT pour l'instruction du soldat et de la compagnie, conforme aux prescriptions des règlements des 23, 26 octobre, 28 décembre 1883 et 29 juillet 1884, vol. de 128 pages avec plans et croquis, par J. BAILLY, capit. au 90ᵉ de ligne.

LES OUTILS DU PIONNIER D'INFANTERIE, d'après l'instruction ministérielle du 8 août 1880, complétée et rectifiée à l'aide des documents officiels les plus récents sur le port, le chargement, l'entretien et l'emploi des outils. — 25 figures intercalées dans le texte. — 1 volume de 84 pages.

LES CARTOUCHES ET LE CAISSON D'INFANTERIE, suivi d'une instruction pour le ravitaillement des munit. sur le champ de bat. avec fig. dans le texte. — 1 vol. de 100 p.

LES TRAVAUX DE CAMPAGNE, guide théorique et pratique du pionnier d'infanterie, d'après les cours professés à l'École des travaux de campagne et les ouvrages les plus autorisés publiés à l'étranger ; vol. de 140 pages, orné de 63 grav. (2ᵉ édition).

NOTIONS sur la viande fraîche destinée à la troupe :
TOME I. — Généralités sur l'alimentation ; achat de la viande sur pied ; connaissances professionnelles. Volume de 92 pages, orné de nombreuses gravures.
TOME II. — Marchés ; abattoirs ; boucheries ; distributions ; espèces de viande ; transport et entretien du bétail. — Volume de 96 pages, orné de nombreuses gravures.
TOME III. — Ordinaire ; réglementation ; achat de la viande fraîche ; cahier des charges.

CODE-MANUEL DES RÉQUISITIONS MILITAIRES, textes officiels annotés et mis à jour par de L..., licencié en droit, et l'intendant militaire A. T... — 3 vol. :
Tome Iᵉʳ. — Exposé de principes. — Textes de la loi du 3 juillet 1877 et du règlement du 2 août 1877, avec notes et commentaires ; volume de 112 pages.
Tome II. — Recensement et réquisition des chevaux et voitures ; volume de 96 pages.
Tome III. — Guide pratique des diverses Autorités et Commissions pour l'application de la loi du 3 juillet 1877. — Formules et modèles ; — volume de 96 pages.

SUPPLÉMENT au Code-Manuel des réquisitions militaires. — Instruction du 21 juillet 1886 pour le règlement des dommages causés aux propriétés privées par les manœuvres ou exercices exécutés par les corps de troupe, vol. in-32.

CONDITIONS civile et politique des militaires. (Recueil complet des lois, décrets, ordonnances, instructions, décisions et dispositions diverses actuellement en vigueur et relatives aux). — 2 vol. de 128 pages.

RECUEIL COMPLET avec notes et commentaires des lois, décrets, circulaires, décisions et instructions ministérielles en vigueur, établissant les droits des sous-officiers, en matière de rengagement et mariage, retraite et admissions aux emplois civils, 4ᵉ édition. — 2 volumes : le 1ᵉʳ de 112 pages ; le 2ᵉ de 144 pages.

CONSEILS AUX JEUNES SOUS-LIEUTENANTS A LEUR SORTIE DE L'ÉCOLE. — Vol. de 64 pages.

DROITS ET DEVOIRS DU SOLDAT, d'après les lois, décrets et règlements les plus récents, par A. DE LA VILLATTE, lieutenant-colonel du 5ᵉ régiment d'infanterie, officier d'académie. Ouvrage adopté par le ministère de l'instruction publique pour les bibliothèques scol. et popul. — 95 pages.

DÉCRET du 24 avril 1884 sur la comptabilité des corps de troupe en campagne. — Volume de 88 pages avec modèles.

MANUEL PRATIQUE DE COMPTABILITÉ, à l'usage des sous-officiers comptables de compagnie. — Vol. in-32 de 80 pages.

CHANTS MILITAIRES, chansons de route et refrains du bivouac, par le capitaine DU FRESNEL, du 62ᵉ de ligne. — 1 vol. de 56 pages.

SONNERIES ET MARCHES du règlement du 29 juillet 1884 sur l'exercice et les manœuvres de l'infanterie, avec paroles du capitaine DU FRESNEL. — Volume de 96 pages.

LA CAVALERIE de seconde ligne en France et à l'étranger, par ROMUALD BRUNET. — Vol. de 96 pages.

PASSAGE des cours d'eau à la nage par la cavalerie, 1 vol. de 64 p., avec carte et fig.

HISTORIQUE DU 2ᵉ RÉGIMENT D'INFANTERIE. — Amérique, 1779-1783. — Fleurus, 1794. — Neuvied, 1797. — Zurich, 1799. — Gênes, 1800. — Friedland, 1807. — Essling, Wagram, 1809. — Polotsk, 1812. — Fleurus, 1815. — Espagne, 1829. — Algérie, 1842, 1848. — Italie, 1859. — 128 pages.

HISTORIQUE DU 25ᵉ DE LIGNE. — Vol. de 128 pages.
HISTORIQUE DU 30ᵉ DE LIGNE. — Vol. de 128 pages.
HISTORIQUE DU 34ᵉ DE LIGNE. — Vol. de 64 pages.
HISTORIQUE DU 35ᵉ DE LIGNE. — Vol. de 112 pages.

HISTORIQUE DU 56ᵉ DE LIGNE, rédigé par le capitaine adjudant-major TELMAT (2ᵉ édition).
 Volume de 120 pages.
HISTORIQUE DU 62ᵉ DE LIGNE. — Vol. de 96 pages.
HISTORIQUE DU 64ᵒ DE LIGNE, volume de 64 pages.
HISTORIQUE DU 65ᵉ DE LIGNE, volume de 128 pages.
HISTORIQUE DU 69ᵉ DE LIGNE, volume de 128 pages.
HISTORIQUE DU 71ᵉ DE LIGNE, volume de 72 pages.
HISTORIQUE DU 72ᵉ DE LIGNE. — Volume de 128 pages.
HISTORIQUE DU 86ᵉ DE LIGNE. — 1 vol. de 96 pages.
HISTORIQUE DU 92ᵉ DE LIGNE, volume de 96 pages.
HISTORIQUE DU 94ᵒ DE LIGNE. — Volume de 128 pages.
HISTORIQUE DU 3ᵉ ZOUAVES, volume de 120 pages.
HISTORIQUE DU 10ᵉ BATAILLON de chasseurs à pied. — Volume de 80 pages.
HISTORIQUE DU 3ᵉ RÉGIMENT DU GÉNIE, publié avec autorisation du Ministre de la
 guerre ; 2ᵉ édition, 3 volumes.
HISTORIQUE DU 1ᵉʳ RÉGIMENT DE SPAHIS, volume de 96 pages.
 M. Henri CHARLES-LAVAUZELLE se met à la disposition de tous les chefs de corps pour
publier l'historique de leur régiment dans la série de la *Petite Bibliothèque de l'Armée
française.*

LA COLLECTION COMPRENDRA 300 VOLUMES.

 MODE DE SOUSCRIPTION. — Chaque volume de la *Petite Bibliothèque de l'Armée française*
ne coûtant *broché* que 0 fr. 30 (0,35 *franco* par la poste), ou 0 fr. 60 *relié* toile, il importe au
plus haut point d'éviter des frais supplémentaires de correspondance. On peut y souscrire
en adressant à l'Editeur une demande d'un certain nombre de volumes à expédier au fur
et à mesure qu'ils paraîtront, accompagnée d'un mandat postal représentant leur prix à
raison de 0,35 centimes l'un, si on les désire *brochés*, de 0 fr. 60 pour les avoir richement
reliés en toile.
 MM. les Officiers désireux de venir en aide à notre Comité d'études et de rédaction sont
priés de nous faire connaître le sujet qu'ils sont décidés à traiter, aussitôt que leur choix
sera définitivement arrêté.
 Les manuscrits écrits lisiblement, et au RECTO SEULEMENT, *devront être adressés à l'Editeur
comme papiers d'affaires recommandés.*

Administration, Recrutement, Comptabilité.

VADE-MECUM ADMINISTRATIF de MM. les capitaines commandants et des sous-officie s
 comptables, par un officier d'administration. — Volume in-8° de 244 pages......... 2 »
DÉCRET du 10 novembre 1887 modifiant les règlements en vigueur sur l'administration et
 la comptabilité des corps de troupe. — Volume in-8° de 154 pages. Net et *franco*.. » 90
NOTIONS DE DROIT INTERNATIONAL destinées à MM. les officiers de l'armée active, de la réserve et de l'armée territoriale, et suivies d'un memento à l'usage des
 sous-officiers, caporaux et soldats, brochure in-32 de 128 pages.................. 1 25
LA MOBILISATION, mesures préparatoires en temps de paix; recrutement et réquisitions militaires. Devoirs des municipalités en temps de guerre d'après les lois et règlements en vigueur,
 par Edm. PASCAL. 1 vol. grand in-8 de 400 pages, avec formules et tableaux...... 10 »
AIDE-MÉMOIRE des fonctionnaires de l'Intendance en campagne. — Volume in-8°
 de 396 pages, relié toile anglaise.................................... 6 »
INSTRUCTION du 31 mars 1887, pour l'exécution du service des lits militaires, à partir
 du 1ᵉʳ avril 1887, brochure in-8° de 20 pages, *franco*.................. 0 30
RÈGLEMENT du 3 juin 1883, sur le service de la Solde et sur les revues, édition de 1887
 mise à jour jusqu'au 1ᵉʳ avril 1887, volume in-8° de 196 pages........... *franco*. 1 60
DÉCRET du 6 février 1888 portant règlement sur la concession des congés et des permis-
 sions. — Brochure in-8°, *franco*............................... » 30
RÈGLEMENT sur le service de l'armement, approuvé le 30 août 1884, brochure de
 204 pages... 2 50
TARIF PROVISOIRE des prix des réparations approuvé le 6 septembre 1887 (armes modèle
 1874 et modèle 1866-74, fusil modèle 1884, fusil modèle 1885 et modèle 1874-1885, fusil
 modèle 1886, revolver modèle 1873, armes blanches. — Broch. de 112 pag. Net et *franco*. » 95
RÈGLEMENT sur le service et l'entretien du harnachement de l'artillerie et des équipages militaires, dans les corps de troupe et dans les établissements (11 juin 1883). » 40
INSTRUCTION MINISTÉRIELLE du 2 décembre 1886, réglant le fonctionnement de
 la masse de petit équipement. — Brochure in-8° de 16 pages............. » 25
RECUEIL des documents officiels visés par l'instruction du 2 décembre 1886, réglant le fonctionnement de la masse de petit équipement. — Brochure in-8°. » 25

* ORDONNANCE du 10 mai 1844 portant règlement sur l'administration et la comptabilité des corps de troupe, modifiée par les décrets des 7 août 1875 et 1er mars 1880, extrait établi suivant décision du 29 juin 1883 du Ministre de la guerre, en un volume in-32, cartonné, de 198 pages.. » 80
ARRÊTÉ MINISTÉRIEL du 30 mars 1887, relatif à l'inscription sur les livrets, les registres matricules et les états de services de l'état civil, des services en campagne, etc., *franco* » 25
EXTRAITS DES RÈGLEMENTS ET INSTRUCTIONS SUR L'ADMINISTRATION, les appels et la mobilisation des réservistes et disponibles, à l'usage des troupes d'Infanterie. Volume in-8° de 240 pages... 2 50
INSTRUCTION sur les conditions d'admission des enfants de troupe. — Broch. in-32 de 32 pages... » 50
GUIDE pratique du soldat dans ses foyers par M. le capit. Vève, br. de 126 pages. » 30
DÉCISION MINISTÉRIELLE du 24 octobre 1887 portant adoption et description de la tenue de ville des sous-officiers rengagés et commissionnés. — Brochure in-8° de 64 pages. Net et *franco*.. » 60
RÈGLEMENT ET INSTRUCTION du 16 novembre 1887 sur le service de l'habill. dans les corps de troupe, modèles, tableaux et tarifs. — Broch. in-8° de 168 pages......... » 70
INSTRUCTION MINISTÉRIELLE du 22 novembre 1887, relative à la formation et au renouvellement dans les magasins administratifs des approvisionnements de toute nature du service de l'habillement et du campement. — Broch. in-8° de 76 pag. Net............. » 70
INSTRUCTION du 15 janvier 1888 sur la manière de manutentionner et d'entretenir les eff ts dans les magasins administratifs. — Brochure in-8°, *franco*................. » 25
INSTRUCTION du 16 mars 1887 sur l'habillement des écoles des sous-officiers et élèves officiers (note relative à l'habillement des élèves stagiaires de l'Ecole d'administration), brochure in-8° de 16 pages, *franco*... » 25
* VADE-MECUM de l'officier d'approvisionnement. — Nouvelle édition, revue, corrigée et augmentée. — 7e édition, avec appendice.
Contenant avec l'instruction du 17 mars 1882, les modèles et les notices qui y font suite : 1° La circulaire du 14 mars 1883 sur le groupement et l'administration des isolés; — 2° La circulaire du 13 août 1879 portant création d'un nouveau tarif d'indemnité journalière; — 3° Des renseignements utiles sur les premiers soins à donner aux chevaux, en l'absence du vétérinaire; — 4° Plusieurs tarifs suivis d'instructions pratiques sur leur application; — 5° Une notice spéciale sur l'organisation et le fonctionnement des services administratifs pendant les grandes manœuvres; — 6° Une notice sur le service d'alimentation en campagne; — 7° Des renseignements sur la qualité des denrées alimentaires et les moyens de reconnaître si elles sont de bonne qualité; — 8° Un résumé, aussi complet que possible, des principes mathématiques pour le mesurage, le pesage et le jaugeage des denrées de toute nature. — Volume de 840 pages, richement relié en toile anglaise gaufrée... 5 »
* INSTRUCTION du 30 août 1885, sur le fonctionnement du service de l'alimentation en temps de guerre, brochure in-32 de 78 pages .... » 50
CODE-MANUEL des réquisitions militaires. Textes officiels annotés et mis à jour par de L..., licencié en droit, et l'intendant militaire A. T... — 3 volumes.
Tome Ier. — Exposé des principes; texte de la loi du 3 juillet 1877 et du règlement du 2 août 1877 avec notes et commentaires, brochure in-32 de 112 pages................. » 35
  Richement relié toile... » 60
Tome II. — Recensement et réquisition des chevaux et voitures, broch. in-32 de 96 pag. » 35
  Richement relié toile... » 60
Tome III. — Guide pratique des diverses autorités et commissions pour l'application de la loi du 3 juillet 1877. Formules et modèles, brochure in-32 de 96 pages.............. » 35
  Richement relié toile... » 60
Supplément au Code-Manuel des réquisitions militaires. — Instruction du 21 juillet 1886 pour le règlement des dommages causés aux propriétés privées par les manœuvres ou exercices exécutés par les corps de troupe, vol. in-32.............................. » 35
DÉCRET du 24 avril 1884 sur la comptabilité des corps de troupe en campagne, avec rapport au Ministre, instruction et modèle. — Broché............................... » 35
  Relié toile gaufrée... » 60
MANUEL PRATIQUE DE COMPTABILITÉ, à l'usage des sous-officiers comptables de compagnie. — Vol. in-32 de 80 pages... » 35
  Richement relié toile... » 60
RÈGLEMENT du 23 octobre 1887 sur la gestion des ordinaires. — Broch. in-8°. » 50
RÈGLEMENT du 30 juin 1856 sur le service du casernement. — Brochure in-8°. 2 »
DÉCRET du 27 novembre 1887, portant règlement sur le service du chauffage dans les corps de troupe. Net.. » 40
MANUEL DU SERVICE DES HOPITAUX à l'usage des candidats aux emplois d'officier d'administration dans la réserve et dans l'armée territoriale, par S. Poulard, officier d'administration des hôpitaux, professeur à l'Ecole d'administration de Vincennes. — Volume in-8° de 308 pages
* MANUEL SUR LES PENSIONS DE RETRAITE des Officiers, Sous-officiers, Brigadiers Caporaux, Soldats ou Gendarmes, et sur les pensions des veuves et secours aux orphelins, avec tarifs; brochure in-8° de 52 pages, avec nombreux tableaux (4e édition)...... 1 »

CLASSIFICATION des blessures et infirmités ouvrant des droits à la pension de retraite (23 juillet 1887). — Brochure in-8° de 20 pages. Net et *franco* .... » 35
TRAITÉ DES PENSIONS CIVILES ET MILITAIRES, par M. Adrien BAVELIER, ancien avocat à la cour de cassation.
TOME I. — Pensions civiles;
TOME II. — Pensions militaires des armées de terre et de mer.
    Les 2 volumes in-8°.. 12 »
* LOI sur l'administration de l'armée, promulguée le 16 mars 1882. — Broch. in-32. » 15
ARMÉE FRANÇAISE. — Questions administratives, par M. TRUCHOT, officier d'administration en retraite. — Un volume in-8° .... 3 »
FRANCE et Administration militaires, par le même. — Un vol. in-8°.......... 3 »
LOIS, DÉCRETS, CIRCULAIRES réglementant la fabrication, l'emploi et le transport de la dynamite et du coton-poudre ; textes officiels annotés et coordonnés à l'usage de la gendarmerie nationale, par le commandant DUMAS-GUILIN. — Volume in-8° de 84 pages. 1 »

Théories, Règlements, Publications officielles.

TOUTES ARMES

* DÉCRET du 23 octobre 1883 portant Règlement sur le service dans les places de guerre et les villes de garnison; à jour jusqu'en 1886, et suivi des nombreux documents ministériels interprétant divers articles de ce Règlement, 14° édition. — In-32 cartonné de 280 pages .... 1 »
RÈGLEMENT PROVISOIRE du 1er décembre 1887, sur les travaux de constructions militaires. — Brochure in-8° de 140 pages, avec cartes, *franco*. 1 40
CAHIER des Clauses et Conditions générales imposées aux entrepreneurs des travaux militaires. — Brochure in-8° de 42 pages, *franco*. .... » 50
ORGANISATION du commandement des places fortes, brochure in 8° de 24 pages, net et *franco* .... » 30
* DÉCRET du 26 octobre 1883 portant Règlement sur le service des armées en campagne. 14° édition, mis à jour jusqu'en mai 1887. — In-32 cartonné de 288 pages. 1 »
* INSTRUCTION relative à la confection et au mode d'emploi des cartouches du tir réduit .... » 40
* EXTRAIT de l'Instruction ministérielle du 27 janvier 1882 sur le tir réduit. — Broch. in-32. .... » 15
* RÈGLEMENT du 26 novembre 1884, concernant les soins et précautions à prendre pour la conserv. des poudres et munit. de guerre dans les magasins. — Br. in-32 de 48 p. » 50
* INSTRUCTION (extrait de l') MINISTÉRIELLE du 30 août 1884, sur l'entretien des armes et des munitions. — Carabine de cavalerie avec baïonnette et carabine de gendarmerie avec sabre-baïonnette, revolver et armes blanches, munitions; br. in-32 de 64 p. » 30
* INSTRUCTION ministérielle du 15 janvier 1874, sur la nomenclature, le démontage, le remontage et l'entretien du revolver modèle 1873. — Broch. in-32 » 30
MANUEL du soldat en campagne. — Brochure in-32. — Prix.................. » 50
DISPOSITIONS relatives à l'exécution des manœuvres d'automne en 1887. *franco*. » 40
DISPOSITIONS RELATIVES AUX CANTONNEMENTS ET AUX MARCHES dans les Alpes, pendant l'année 1888. — Brochure in-8° de 28 pages, *franco*.......... » 35
* LES TRANSPORTS particuliers de la guerre. (Extrait de l'instruction ministérielle du 25 mars 1886), contenant tout ce qui intéresse MM. les officiers et assimilés, les sous-officiers mariés, les chefs ouvriers et les gendarmes, brochure in-32............ *franco*. » 30
* INSTRUCTION spéciale pour le transport des troupes par les voies ferrées. — Extrait du Règlement général pour les transports militaires (décret du 1er juillet 1874).
    * Infanterie édition de 1886.. 1 »
    * Cavalerie édition de 1886 .... 1 »
    * Artillerie édition de 1888.. 1 »
* INSTRUCTION pour l'embarquement et le débarquement des trains militaires. — In-32. — Avec 2 planches.. » 30
* ANNEXE à l'instruction spéciale pour le transport des troupes d'artillerie et du train des équipages par les voies ferrées, approuvée le 23 mars 1887, brochure in-32 de 20 pages.. » 30
* CODE DES SIGNAUX sur les chemins de fer français adopté par arrêté ministériel du 15 novembre 1885; avec figures, brochure in-32..................... » 50
* INSTRUCTION pour la correspondance par signaux dans les corps de troupe........ » 60
* EXTRAIT DE L'INSTRUCTION pour la correspondance par signaux............. » 05
RECUEIL COMPLET, avec notes et commentaires, des lois, décrets, circulaires, décisions et

instructions ministérielles en vigueur, établissant les droits des sous-officiers en matière de rengagement et mariage, retraite et admission aux emplois civils. — 2 vol. in-32.
Brochés.. » 70
Richement reliés toile... 1 20
DROITS ET DEVOIRS DU SOLDAT de l'armée active, de la réserve et de l'armée territoriale, d'après les lois, décrets et règlements les plus récents (1883), par A. DE LA VILLATTE, lieutenant-colonel du 5e régiment d'infanterie, officier d'académie. Ouvrage adopté par le ministère de l'instruction publique pour les bibliothèques scolaires et populaires. 2e édition entièrement refondue et mise au courant jusqu'en avril 1885. — Volume in-32 de 96 pages, broché.. » 35
Richement relié toile.. » 60
* OBLIGATIONS imposées par la loi aux réservistes et territoriaux, brochure in-32.... » 25
* INSTRUCTION MINISTÉRIELLE du 22 mars 1886, pour les convocations annuelles de l'armée territoriale. — Vol. in-32 de 96 pages.................................... » 60
DÉCRET du 18 février 1888, portant réorganisation de l'administration centrale de la guerre. — Brochure in-8o de 36 pages, franco... » 25
* LOI du 19 mai 1834, sur l'état des officiers; brochure in-32 de 16 pages.......... » 20
TABLEAU D'AVANCEMENT des officiers de tous grades et assimilés pour l'année 1888. — Brochure in-8o de 66 pages.. » 60
AIDE-MÉMOIRE de l'officier d'état-major en campagne, dernière édition mise à jour, beau volume de 360 pages avec nombreux tableaux et croquis...................... 5 »
DÉCRET du 21 décembre 1886, portant réorganisation du service dans les Etat-Majors. Brochure in-fo tellière de 36 pages avec marge pour annotation............ franco 1 »
Le même décret sur format in-8o.. franco » 60
DÉCRET du 27 décembre 1886 portant création d'un corps spécial d'interprètes de réserve. — Brochure in-8o de 42 pages............................. franco » 25
* PROGRAMME du 7 mars 1883 sur les connaissances exigées des lieutenants et sous-lieutenants proposés spécialement pour les fonctions de trésorier et d'officier d'habillement. » 25
* PROGRAMME du 15 mars 1883 sur les connaissances exigées des sous-lieutenants, lieutenants et capitaines proposés pour l'avancement (16 pag.)..................... » 25
* PROGRAMME du 7 mars 1883 sur les connaissances exigées des capitaines proposés pour l'avancement et présentés spécialement pour les fonctions de major....... » 25
* PROGRAMME des connaissances exigées pour l'admission dans les corps du contrôle de l'administration de l'armée, et épreuves à subir par les candidats au grade de contrôleur adjoint (24 mars 1883)... » 25
* PROGRAMME du 30 septembre 1885, précédé d'une notice sur le recrutement et la nomination des officiers de réserve et de l'armée territoriale attachés à l'intendance...... » 40
* PROGRAMMES des examens oraux et pratiques imposés aux candidats de toutes armes proposés pour des emplois d'officier et d'assimilé; 1° dans les réserves; 2° dans l'armée territoriale; 3° dans les services administratifs; 4° dans les corps des interprètes militaires. — Brochure in-32o de 64 pages................................... » 50
PROGRAMME des examens pour l'admission à l'école d'administration de Vincennes, brochure in-32 de 16 pages.. » 50

LIVRETS POUR TOUTES ARMES

* LIVRET matricule de l'officier, modèle n° 1................................ » 15
* LIVRET matricule de l'homme de troupe, modèle n° 2........................ » 15
* LIVRET matricule des chev. d'officiers, de troupe et mulets de bât, mod. n° 3.... » 15
* LIVRET d'infirmerie, pour chev. d'offic., de troupe et mulets de bât, mod. n° 4.. » 20
* LIVRET individuel de l'homme de troupe, modèle n° 5 (nouveau)............... » 30
* LIVRET de la masse de prison des détenus.................................. » 30
(Pour les Livrets d'infanterie, cavalerie et artillerie, voir aux chapitres spéciaux.)

INFANTERIE DE LIGNE, DE LA MARINE ET GÉNIE

AIDE-MÉMOIRE de l'officier d'infanterie en campagne. — Vol. de 250 p. relié toile. 5 »
AIDE-MÉMOIRE de l'officier du génie en campagne. — Volume in-8o de 368 pages, relié toilé.. 5 »
* RÈGLEMENT du 29 juillet 1884 sur l'exercice et les manœuvres de l'infanterie.
Titre I : Bases de l'instruction;
Titre II : Ecole du soldat, avec planches, volume in-32 cartonné de 192 pages (6e édit.) » 75
* Titre III : Ecole de compagnie, vol. in-32 cartonné de 132 pages (6e édition)........... » 60
* Titre IV : Ecole de bataillon, vol. in-32 cartonné de 108 pages (4e édition)........... » 60

* **HEUMANN**, capitaine d'inf., off. de l'instruction publ. — Les théories dans les chambres. *Premier volume* : Education militaire du soldat. — Chapitre Ier : La guerre. Nécessité des armées permanentes. — II. Comment l'on devient soldat. Devoirs des réservistes Organisation de l'armée. — III. Le Drapeau. La Croix de la Légion d'honneur. — IV. L'armée et la patrie. Patriotisme. Honneur. — V. Des ruses de guerre. — VI. Notions d'hygiène. — Appendice. La convention de Genève. Traitement des prisonniers. Quelques renseignements sur les armées étrangères. — Questionnaire. — 4e édition. Un volume in-32 de 160 pages, relié toile.. » 75
Deuxième volume : Instruction militaire. (En conformité avec les nouveaux règlements). Chapitre Ier : Service intérieur. — II. Service des places. — III. Service en campagne. IV. Embarquement en chemin de fer. — V. Mobilisation. — VI. Renseignements pour les troupes en campagne. — VII. Droit international en campagne. — VIII. Outils. Travaux de fortifications (avec planches). — IX. Tir. — X. *Progression des théories à faire.* — XI. Questionnaire. — 3e édition, volume in-32 de 302 pages, relié toile........ 1 25
INSTRUCTION PRATIQUE du soldat et de la compagnie d'infanterie, avec progressions et programmes détaillés, par G. Le Grand, capitaine adjudant-major au 71e de ligne, volume in-32 de 118 pages, cartonné.. » 75
* **INSTRUCTION THÉORIQUE** du soldat, ou théories dans les chambres par demandes et réponses, par G. Le Grand, capitaine adjudant-major au 71e de ligne, volume in-32 de 220 pages, cartonné... 1 »
* **MÉTHODE** d'enseignement pour l'instruction du soldat et de la compagnie, conforme aux prescriptions des règlements des 23, 26 octobre, 28 décembre 1883 et 29 juillet 1884, par J. Bailly, cap. au 90e de lig., vol. de 128 p. avec plans et croquis............. » 35
Relié toile... » 60
* **INSTRUCTION** (extrait de l') **MINISTÉRIELLE** du 30 août 1884, sur l'entretien des armes et des munitions. — Fusil d'infanterie modèle 1874 ou 1866-74 avec épée-baïonnette, revolver et armes blanches, munitions; brochure in-32 de 64 pages............... » 30
* **RÈGLEMENT** sur l'instruction du tir, approuvé le 11 novembre 1882 (466 pages in-32, avec figures dans le texte et 20 planches hors texte)............................ 2 75
* **EXTRAIT** du règlement du 11 novembre 1882 sur l'instruction du tir, à l'usage des sous-officiers et des caporaux, appr. le 21 juillet 1883. 272 pages in-32, avec fig. dans le texte et 4 planches hors texte... » 90
* **MODIFICATIONS** apportées au règlement du 11 novembre 1882, par suite de la mise en service des fusils modèles 1884 et 1885. — Volume de 180 pages, *franco*........ » 60
* **TIR** indirect, tables de tir (pentes, hausses, défilement), accompagnées des renseignements néces. pour le calcul des élém. du tir indir. et, en particul. du tir plongeant.. » 15
* **LES MÊMES**, collées sur toile et découpées en rectangles........................ » 50
* **LES MUNITIONS DE L'INFANTERIE** : Russie, Autriche, Angleterre, Italie. (Extrait de la *France Militaire*.) — In-32... » 25
* **INSTRUCTION** sur le service de l'Infanterie en campagne, approuvée le 9 mai 1885. — In-32 de 212 pages, 14 gravures, cartonné.................................... » 75
* **FORTIFICATION PASSAGÈRE** (Notions élémentaires de) à l'usage des volontaires d'un an. Service de l'infanterie.. » 25
* **INSTRUCTION** du 3 janvier 1883, relative aux attributions des adjudants de bataillon et de compagnie, brochure in-32................................... » 25
* **INSTRUCTION THÉORIQUE** et pratique des cadres, des contingents et des réservistes. Progr. et documents officiels. Marche de l'instruction. — Vol. in-32, de 120 p. » 75
* **INSTRUCTION** du 19 novembre 1884 sur l'organisation et le fonctionnement des pelotons d'instruction dans les corps de troupe d'infanterie, suivie de la marche annuelle de l'instruction dans les mêmes corps. — Brochure in-32 de 48 pages............... » 40
* **INSTRUCTION** du 22 juin 1886 pour l'admission des sous-officiers à l'École militaire d'infanterie, complétée par le programme du 31 juillet 1879 et le décret du 11 octobre 1886. — Brochure in-32.. » 50
* **DÉCRET** du 4 novembre 1886, portant réorganisation et programme pour l'école d'artillerie et du génie.. » 50
INSTRUCTION du 15 mai, relative à l'application aux troupes du génie, ou décret du 28 décembre 1883, sur le Service intérieur, brochure in-32 de 32 pages............... » 30
RÈGLEMENT du 24 août 1887, sur l'organisation et l'administration des sections techniques d'ouvriers de chemins de fer de campagne. — Brochure in-8o. Net et *franco*....... » 50
ÉTAT du corps du génie pour 1888. — Volume de 260 pages :
    Pour les officiers en activité, broché................................. 1 50
    —   —   relié... 2 »
    Pour les autres acquéreurs : broché................................ 3 »
    —   —   relié... 4 »
* **RÈGLEMENT** sur l'organisation des troupes du génie affectées au service des chemins de fer. — Brochure in-8o de 16 pages................................... » 30

INSTRUCTION pratique des cadres de l'Infanterie, approuvée par le Ministre de la guerre le 15 décembre 1876. — In-32 broché...................................... » 15
INSTRUCTION pratique des cadres du 17 octobre 1885, suivie de l'extrait de l'instruction du 9 mai 1885, cartonnage de 16 pages.. » 15
INSTRUCTION sur les Manœuvres de brigades avec cadres pour l'Infanterie, du 26 février 1877. — In-32 cartonné... » 25
INSTRUCTION du 31 janvier 1884 pour les exercices de cadres de la brigade d'infanterie. — Brochure in-32, 16 pages.. » 25
DÉCISION ministérielle modifiant la tenue des officiers et adjudants d'infanterie (16 pages).. » 25
MODIFICATIONS à la décision ministérielle du 20 août 1886, sur le Képi de 1re tenue de l'infanterie et des sections diverses. — Brochure in-8o de 16 pages, franco.. » 25
RÈGLEMENT du 23 février 1883 sur le fonctionnement de la masse d'entretien du harnachement et ferrage dans les corps de troupe d'infanterie (8 pages)........... » 20
EXTRAITS DES RÈGLEMENTS ET INSTRUCTIONS SUR L'ADMINISTRATION, les appels et la mobilisation des réservistes et disponibles, à l'usage des troupes d'infanterie.
    Volume in-8' de 240 pages.. 2 50
    Le même volume pour les demandes collectives.................................. 2 »
LA TACTIQUE de la compagnie et du bataillon à l'Étranger et en France d'après les règlements de manœuvres, volume in-8o de 118 pages............................... 2 »
LA TACTIQUE de l'infanterie française en 1887. (Extrait de la Revue d'Infanterie). Brochure in-8o de 32 pages.. » 60
INSTRUCTION de la compagnie dans le service en campagne, par le capitaine (A., D.), baron Ernest Wirbach, traduit de l'allemand par le lieutenant D. Jung, attaché au ministère de la Guerre. — 1 vol. in-8o de 276.. 4 »
WAVER, major de l'armée belge. — Conseils pratiques sur le perfectionnement de l'infanterie dans le service de campagne, pour officiers et sous-officiers; traduit de l'allemand, brochure de 54 pages... 1 50
N. NEY, capitaine au 36o de ligne; A. de la VILLATE, lieutenant-colonel au 8e de ligne. — Manuel du volontaire d'un an et du sous-officier dans l'infanterie, d'après le programme fixé par le règlement du 7 février 1873 (7o édit.). — Un volume in-18:... 4 »
GUIDE du sous-officier et du caporal d'infanterie sur la place d'exercice, en terrain varié et sur le champ de bataille. Manuel rédigé en vue de répondre aux questions ci-après des programmes annexés à la Circulaire du 3 septembre 1882, savoir : 1o Principes de discipline et d'éducation morale; — 2o École des guides à l'École de compagnie et à l'École de bataillon; — 3o Fonctions des caporaux dans la colonne de route; — 4o Place et fonctions des caporaux et sous-officiers dans les revues et défilés; — 5o Rôle et devoirs des caporaux et des sous-officiers dans le combat en ordre dispersé (2e partie de l'école de compagnie). — 1 vol. in-32 de 128 pages (2e édit.) broché.............. » 35
    Richement relié toile... » 60
LES OUTILS DU PIONNIER D'INFANTERIE d'après l'instruction ministérielle du 8 août 1880, complétée et rectifiée à l'aide des documents officiels les plus récents. — 25 figures intercalées dans le texte. — 1 volume in-32 de 84 pages broché................... » 35
    Richement relié toile... » 60
LES CARTOUCHES ET LE CAISSON D'INFANTERIE avec figures dans le texte. — 1 volume in-32 de 100 pages broché.. » 35
    Richement relié toile... » 60
ÉCOLE des tambours, clairons, musiciens et sapeurs, broch. in-32 de 48 pages. » 50
SONNERIES ET MARCHES du règlement du 29 juillet 1884, sur l'exercice et les manœuvres de l'infanterie, avec paroles du capitaine DU FRESNEL; vol. de 96 pages. Broché.. » 35
    Relié.. » 60
Abonnement d'un an à la Revue d'Infanterie, publication périodique, 96 pages in-8o.
    France .... 20 »
    Colonies et étranger .... 25 »

LIVRETS

(Riche reliure en toile gaufrée avec barrette déposée.)
(Le nombre de feuillets peut être augmenté ou diminué.)

LIVRET de l'officier de peloton (28 déc. 1883), contenant 150 feuillets imprimés.. 3 »
LIVRET d'adjudant contenant 170 feuillets... 3 »
    —   380   — peut contenir 500 feuillets................................ 5 »
    — de sergent de section contenant 92 feuillets.................................. 2 50
Feuillets mobiles séparés (indiquer l'espèce), le cent............................. 1 25
Couvertures... » 50

LIVRETS

(Riche reliure en toile gaufrée avec barrette *déposée*.)

ARTILLERIE

* ADDITION au titre V. — Règlement sur le service de l'obusier de 22 cent. en fonte, rayé, fretté, monté sur un affût de côte en fonte et chassis en fonte à pivot central, approuvé par .e Ministre de la guerre le 25 août 1885. Vol. in-32 de 64 pages.................... » 50
* ADDITION au titre VII. — Instruction sur les manœuvres de la chèvre de place n° 1 (modèle 1875), approuvée par le Ministre de la guerre le 18 septembre 1876. — In-32. » 75
* ADDITION au titre VII. — Instruction sur les manœuvres de la chèvre de place n° 2 (modèle 1875), la manœuvre du cabestan de carrier et l'emploi des chariots à canon n° 1 et n° 2, approuvée par le Ministre de la guerre le 31 mai 1879. — Renseignements sommaires sur les mouv. du matériel relatifs au canon de 24 millim.; br. in-32, 64 p. » 50
* RÈGLEMENT sur le service des bouches à feu. — Titre I⁰ʳ. — Service des bouches à feu de campagne, approuvé par le Ministre de la guerre, le 19 février 1875 :
* 1ʳᵉ PARTIE : Service des bouches à feu de campagne se chargeant par la culasse, canons de 5 et de 7; 1 volume in-32 de 168 pages.................................... » 75
* 2e PARTIE : Service du canon à balles. 1 volume in-32, 128 pages.............. » 75
* RÈGLEMENT provisoire sur le service des canons de 80 et de 90 millimètres, approuvé le 2 avril 1878. — 112 pages in-32 .... » 50
* RÈGLEMENT provisoire sur le service du canon de 95 millimètres monté sur affût de campagne, approuvé le 20 mai 1878. — 112 pages in-32...................... » 60
* RÈGLEMENT provisoire sur le service des canons de 80, de 90 et de 95 millimètres, 2e partie, approuvé le 18 novembre 1878, volume in-18 de 440 pages..... 3 »
* ADDITION au Règlement sur le service des canons de campagne; batterie de 90 organisée avec des coffres modèle de 1880, approuvée le 20 juillet 1883, vol. in-32 cartonné de 144 pages... » 75
* RÈGLEMENT sur le service de l'artillerie de montagne, 1 vol. in-32 de 232 p. 1 50
* RÈGLEMENT sur le service des batteries de 80 de montagne, approuvé le 22 mars 1882. — Nouvelle édition in-32 de 249 pages....................... » 75
* INSTRUCTION du 14 février 1887 sur les formations en bataille et en marche des sections de munitions et des sections de parc, brochure in-32 de 28 pages.............. » 30
* EXTRAIT du Règlement sur les manœuvres des batteries attelées, approuvé le 11 août 1882, 1 vol. in-32 de 285 pages, avec figures...................... 1 »
* INSTRUCTION sur le remplacement des munitions en campagne, br. in-32. ... » 30
* INSTRUCTION provisoire pour la préparation des troupes d'artillerie à l'exécution du tir indirect dans les places, approuvée le 24 janvier 1885. Vol. in-32 cart. de 64 pag. » 60
* DÉCRET DU 4 NOVEMBRE 1886, portant réorganisation et programme pour l'école d'artillerie et du génie .... » 50
PROGRAMME des cours préparatoires professés dans les écoles régimentaires de l'artillerie et du train des équipages militaires (du 7 janvier 1887). Br. de 16 p. franco. » 50
COURS SPÉCIAL à l'usage des sous-officiers d'artillerie approuvé par le Ministre de la Guerre le 20 juillet 1881, nouvelle édition, mise à jour jusqu'en 1888. — Volume in-8o de 252 pages.. 3 »
TARIFS ET DEVIS des objets composant le harnachement des chevaux de l'artillerie et du train des équipages (5 janvier 1887). — Brochure de 80 pages, franco.......... » 85
HISTORIQUE SUCCINCT DE L'ARTILLERIE AU TONKIN pendant les années 1883 et 1884, par L. HUMBERT, chef d'escadron d'artillerie de la marine, breveté d'état-major. — 2 volumes. .... » 70 Reliés. 1 20

LIVRETS

(Riche reliure en toile gaufrée avec barrette *déposée*.)

* LIVRET de l'officier de demi-batterie (28 déc. 1883) conten. 200 feuillets imprimés.. 2 75
* LIVRET de l'adjudant, contenant 200 feuillets........................... 2 75
* LIVRET de maréchal des logis, contenant 89 feuillets....................... 2 25
* Feuillets mobiles séparés (indiquer l'espèce); le cent....................... 1 25
(Le nombre des feuillets peut être augmenté ou diminué.)
Couvertures.. » 50
Barrettes en cuivre.. » 75

TRAIN DES ÉQUIPAGES

* DÉCRET du 28 décembre 1883, portant règlement sur le service intérieur des troupes de l'artillerie et du train des équipages militaires, in-32 cartonné de 420 pages 1 50
* EXTRAITS DES DÉCRETS des 23 octobre et 28 décembre 1883, portant règlement sur le service dans les places de guerre et les villes de garnison, et sur le service intérieur des troupes de l'artillerie et du train des équipages militaires, vol., in-32 cartonné de 288 pages.. 1 »
* RÈGLEMENT sur l'instruction à pied dans les escadrons du train des équipages militaires, approuvé par le 21 juin 1877. 1 volume in-32 de 204 pages, cartonné. » 75

RÈGLEMENT sur l'instruction à cheval dans les escadrons du train des équipages militaires, approuvé le 31 janvier 1877. — In-32, 170 pages................. » 75

INSTRUCTION sur la conduite des voitures en guides pour les troupes du train des équipages militaires, approuvée le 6 février 1875. —In-32, 64 pages...... » 40

RÈGLEMENT sur la conduite des Voitures et Mulets de bât pour les troupes du train des équipages militaires, approuvé le 21 juillet 1883 (493 pages avec nombreuses figures dans le texte)..................... 2 »

RÈGLEMENT sur l'organisation des pelotons d'instruction dans le corps du train des équipages, approuvé par le Ministre de la guerre le 17 juillet 1876. In-32 broc. » 20

INSTRUCTION sur le service de la carabine, modèle 1874, pour les troupes d'artillerie et du train des équipages militaires, approuvée par le Ministre de la guerre le 24 mars 1876. — In-32, broché...................... » 20

INSTRUCTION (extrait de l') MINISTÉRIELLE du 30 août 1884, sur l'entretien des armes et des munitions. — Carabine de cavalerie avec baïonnette et carabine de gendarmerie avec sabre-baïonnette, revolver et armes blanches; munitions.—Brochure in-32 de 64 p. » 30

INSTRUCTION (Extrait de l') ministérielle du 30 août 1884 sur l'entretien des armes et des munitions. — Mousqueton avec sabre-baïonnette, revolver et armes blanches, munitions. — Brochure in-32 de 48 pages...................... » 25

TARIFS ET DEVIS des objets composant le harnachement des chevaux de l'artillerie et du train des équipages (5 janvier 1887). — Brochure de 80 pages, *franco*........ » 85

LIVRETS

(Riche reliure en toile gaufrée avec barrette *déposée*.)

LIVRET de l'officier de demi-compagnie (28 déc. 1883) cont. 200 feuillets impr.. 2 75

LIVRET de l'adjudant, contenant 200 feuillets...................... 2 75

—   du maréchal des logis, contenant 89 feuillets 2 25

Feuillets mobiles séparés (indiquer l'espèce) ; le cent................ 1 25
(Le nombre des feuillets peut être augmenté ou diminué.)

Couvertures..................................... » 50

Barrettes en cuivre................................ » 75

Justice militaire et Gendarmerie.

Abonnement d'un an au *Moniteur de la Gendarmerie* avec *l'Annuaire*. France Corse, Algérie et Tunisie....................... 6 50
Colonies et étranger.......................... 8 »

DÉCRET du 19 octobre 1887 sur la comptabilité des prévôtés en campagne. — Brochure de 76 pages avec modèles et tableaux. Prix net et *franco*........... » 70

INSTRUCTION du 25 octobre 1887 sur le service prévôtal de la gendarmerie aux armées. — Brochure in-8° de 188 pages, *franco*................... 1 50

LA GENDARMERIE DE DEMAIN ou la Gendarmerie après la nouvelle loi militaire. — Brochure in-18 de 72 pages.................... 1 »

ANNUAIRE spécial de l'arme de la Gendarmerie, pour 1888.— Broch. in-8° de 228 p. 2 »

ALMANACH de la Gendarmerie pour 1888; brochure in-32, de 192 pages..... » 60

DÉCRET du 1er mars 1854, sur l'organisation et le service de la gendarmerie, mis au courant et annoté par un officier de l'arme (édition de 1888).—Vol. in-8°, relié 2 »
Le même, intercalé de papier blanc .... 3 »

CATALOGUE des médicaments fournis aux militaires de la gendarmerie et à leurs familles, brochure in-8° de 16 pages.................. » 25

RÈGLEMENT du 9 avril 1858 sur le service intérieur de la Gendarmerie, modifié par les nouvelles instructions et annoté jusqu'au mois de mars 1886 par un officier de l'arme, suivi de l'instruction spéciale du 25 avril 1873 sur l'hygiène des chevaux des brigades de gendarmerie. Volume in-8.................... 1 30
Le même, intercalé de papier blanc.................... 2 50

INSTRUCTION MINISTÉRIELLE du 30 avril 1883, sur le service municipal de la Garde Républicaine. — Volume in-8° de 64 pages, relié................. » 40

DÉCRET du 18 février 1863, portant règlement sur la solde, les revues, l'administration et la comptabilité de la Gendarmerie, annoté et mis à jour jusqu'au 1er août 1887 par E. CONSIN, capitaine à la Garde Républicaine, volume in-8°, relié toile anglaise, de 278 pages.................... 5 »

MINISTÈRE DE LA GUERRE. — Extrait à l'usage des brigades de Gendarmerie de l'Instruction du 28 décembre 1879 (édition refondue), sur l'administration des hommes de tout grade de la disponibilité, de la réserve et de l'armée territoriale dans leurs foyers. — Volume in-18 de 230 pages (édition de février 1887).............. 2 »

DICTIONNAIRE des connaissances générales utiles à la Gendarmerie, par L. AMADE chef de légion et, pour la partie administ., par E. CORSIN, capit. à la Garde Républicaine attaché au Ministère de la guerre. — Fort vol. in-8°, broché, de 800 p. (5e édition). 5 »

Relié en toile anglaise... 6 »

CARNET-GUIDE du gendarme, revu, augmenté et mis à jour (5e édition de 1888), volume entièrement modifié, d'un format commode, facile à mettre dans la poche, recouvert élégamment en toile dorée.. 1 25

NOUVEAU VADE-MECUM de la gendarmerie, par M. le lieutenant BERTHET, commandant d'arrondissement, joli in-32 de 130 pages, relié en toile anglaise............ 1 25

RÈGLEMENT de 1884, pour les frais de comparution en justice et le transfèrement des prisonniers, brochure in-32.. » 30

LOIS, DÉCRETS, CIRCULAIRES réglementant la fabrication, l'emploi et le transport de la dynamite et du coton-poudre. — Volume in-8° de 84 pages....................... 1 »

LOI du 3 mai 1844 sur la police de la chasse, modifiée par la loi du 22 janvier 1874, annotée et commentée par M. Bertrand, Proc. de la Républ., à l'usage de la gend... » 30

LOI sur la Pêche fluviale, annotée et commentée par M. Bertrand, Procureur de la République, à l'usage de la gendarmerie. (4e édition)................................... » 50

LOI sur la police du Roulage et des Messageries publiques, commentée et annotée par M. Bertrand, Procureur de la République, à l'usage de la gendarmerie............. » 30

EXTRAIT du décret du 10 août 1852 sur la police du roulage (notice destinée à être placardée à l'intérieur des voitures publiques).. » 05

DÉCRET du 3 novembre 1855 sur la police du roulage et des messageries publiques en Algérie, suivi d'un arrêté ministériel daté du même jour, annotés et commentés, à l'usage de la gendarmerie... » 40

LOI sur la police sanitaire des animaux, promulguée le 22 juin 1882................ » 20

MANUEL DU GENDARME pour servir à la rédaction des procès-verbaux, indispensable à tous les sous-officiers, brigadiers et gendarmes soucieux de bien remplir leur mission. 10e édition. Beau petit volume in-32 de 100 pages, richement relié en toile gaufrée... » 80

MODÈLES d'analyses de procès-verbaux pouvant s'appliquer à tous les cas qui se rencontrent dans la Gendarmerie. — Brochure in-18............................... » 30

CARNET de poche à l'usage des commandants de brigade et des gendarmes pour servir à l'inscription des signalements, mandats de justice et ordres de recherche, avec table alphabétique, papier blanc réservé pour notes, relié toile avec coulisseaux.
    de 130 feuillets.. 1 50
    de 236 feuillets.. 2 50

RÉSUMÉ MÉTHODIQUE des pièces à fournir par les commandants de brigade en ce qu concerne le recrutement, les militaires en congé, en permission ou à l'hôpital, revu et annoté par le commandant P. T. — Brochure in-18................................. » 50

DEVOIRS de la gendarmerie en ce qui concerne les hommes astreints au service militaire. (Chap. 1er de l'instruction du 20 décembre 1880) ; in-18. Cartonné................... 1 »

CODE-MANUEL des réquisitions militaires. Textes officiels annotés et mis à jour par de L..., licencié en droit et l'intendant militaire A. T... 3 vol.

Tome Ier. — Exposé de principes ; texte de la loi du 3 juillet 1877 et du règlement du 2 août 1877, avec notes et commentaires. Brochure in-32 de 112 p. broché......... » 35
    Relié toile.. » 60

Tome II. — Recensement et réquisition des chevaux et voitures. Brochure in-32 de 96 pages broché... » 35
    Relié toile.. » 60

Tome III. — Guide pratique des diverses autorités et commissions pour l'application de la loi du 3 juillet 1877. Formules et modèles. Broch. in-32 de 96 p. broché............. » 35
    Relié toile.. » 60

Tome IV. — (Supplément). Instruction du 24 juillet 1886 pour le règlement des dommages causés aux propriétés privées par les manœuvres ou exercices exécutés annuellement par les corps de troupe. — Volume de 32 pages... » 35

DU DROIT des Fonctionnaires publics de requérir la gendarmerie et la troupe. — In-32, broché.. » 10

LA PRÉVOTÉ EN CAMPAGNE, Aide-Mémoire, par M. L. AMADE, lieut.-colonel, commandant la 11e légion. — Ouvrage in-32 de 232 pages, honoré d'une souscription des Ministres de la guerre et de la marine, 2e édition.
    Broché... 1 30
    Cartonné... 1 60
    Relié toile, avec poche, coulisseau à crayon.................................... 2 25

RÈGLEMENT sur les exercices à pied de la gendarmerie, approuvé par le Ministre de la guerre le 2 mai 1883. Un vol. relié de 198 p., avec figures dans le texte (édition de 1887). 1 »

RÈGLEMENT sur les exercices à pied et à cheval de la gendarmerie, approuvé par le Ministre de la guerre le 2 mai 1883. Un vol. relié de 424 pag., avec figures dans le texte. 1 35

NOUVEAUX CODES FRANÇAIS et lois usuelles civiles et militaires. Recueil spécia-

Écoles.

* PROGRAMME des connaissances que doivent posséder les engagés conditionnels d'un an à l'expiration de leur année de service. (Art. 56 de la loi du 27 juillet 1872). Pour l'infanterie.. » 25
* PROGRAMME des examens pour l'admission à l'école d'administration de Vincennes. — Brochure in-32 de 16 pages.. » 50
ALPHABET DU SOLDAT. — Ouvrage adopté par M. le Ministre de la guerre, pour l'enseignement de la lecture dans les écoles régimentaires de toutes armes ; cartonné... » 30
LECTURES DU SOLDAT, livre de lecture courante à l'usage de l'armée, faisant suite à l'alphabet du soldat... 1 »
ADAM (Adolphe), professeur d'histoire au Prytanée militaire de La Flèche. — Lectures militaires à l'usage des écoles régimentaires. — Fort volume in-12, cartonné. 1 50
NOEL et CHAPSAL. — Nouvelle Grammaire française avec nombreux exercices d'orthographe, de syntaxe et de ponctuation. — Volume in-8° de 220 pages................ 1 50
* BESCHERELLE (H.) Jeune. — Dictionnaire classique de la Langue française, le plus exact et le plus complet de tous les ouvrages de ce genre, et le seul où l'on trouve la solution de toutes les difficultés grammaticales et généralement de toutes celles inhérentes à la langue française, suivi d'un Dictionnaire géographique, biographique et mythologique. — Fort volume grand in-8° de 1,300 pages....................... 11 »
Le même, richement relié demi-maroquin................................... 15 »
LAROUSSE. — Nouveau dictionnaire de la langue française, comprenant : 1° Une nomenclature très complète de la langue, avec la nouvelle orthographe de l'Académie, les étymologies et les diverses acceptions des mots appuyées d'exemples ; 2° Des développements encyclopédiques relatifs aux mots les plus importants des sciences, des lettres et des arts ; 3° Un dictionnaire des locutions grecques, latines et étrangères que l'on trouve souvent citées par nos meilleurs écrivains ; 4° Un dictionnaire géographique, historique, artistique et littéraire. Quatre dictionnaires en un seul. 64° édition, augmentée et illustrée de 1,500 gravures. Prix, cartonné... 2 75
Par la poste... 3 35
* MODÈLES D'ÉCRITURES en tous genres, carnet complet très soigné............. 1 50
MINISTÈRE DE LA GUERRE. — Écoles régimentaires. — Cours préparatoire.
   — * Grammaire et composition française. — In-18, 324 pages............ 2 »
   — * Arithmétique et Système métrique. — In-18, 230 pages............. 1 60
   — * Géométrie. — In-18, 197 pages avec figures dans le texte 1 60
   — * Topographie. — In-18 182 pages avec figures dans le texte, tableaux et carte. 2 »
   — * Fortification de campagne. — In-18, 191 pages, avec figures dans le texte. 2 »
   — * Géographie. — In-18, 174 pages avec 14 cartes,..................... 3 »
   — * Histoire militaire. — In-18, 246 pages, avec 12 cartes................ 4 50
   Les 7 volumes pris ensemble, 13 fr. 50, frais de port en sus.
* SOLUTIONS RAISONNÉES des questions de géométrie proposées dans le cours des écoles régimentaires, à l'usage des sous-officiers candidats à l'école militaire de Saint-Maixent, vol. in-18 de 156 pages... 3 »
A. HEUMANN O ✠, capitaine instructeur à Saint-Cyr. — Cours d'allemand, notions élémentaires à l'usage des sous-officiers. — Volume in-12 de 144 pages, cartonné........ 1 25

Correspondance par signaux.

RÈGLEMENT du 1er avril 1887 sur l'organisation et le fonctionnement du service des signaleurs dans les corps de troupe d'infanterie.............................. » 05
INSTRUCTION du 16 juin 1885 pour la correspondance par signaux dans les corps de troupe. — Brochure in-32 de 64 pages .... » 60
EXTRAIT de l'Instruction pour la correspondance par signaux .... » 05
CARNET de Dépêches spécial contenant, sous une couverture parcheminée, un bloc de dépêches numérotées de 1 à 48... » 75

Arts académiques.

* MANUEL de gymnastique, approuvé par le Ministre de la guerre le 26 juillet 1877. — Volume in-32 de 236 pages, avec figures dans le texte et une planche................ 1 25
* MANUEL d'escrime, approuvé par le Ministre de la guerre le 18 mai 1877. — Vol. in-32 de 128 pag. avec figures dans le texte. — Cartonné............................ » 60
* ASSOUPLISSEMENT (Exercices plus particulièrement propres à l'Extrait de l'instruction du 24 avril 1846). — In-32 broché....................................... » 15
* ESCRIME DE CHAMBRE, méthode pour s'exercer seul à faire des armes, par le commandant E. T. — Brochure in-32 de 24 pages... » 25
* INSTRUCTION du 9 octobre 1885, sur l'organisation et le fonctionnement des sociétés de tir et de gymnastique.. » 60

Topographie, Cartes, Plans, Instruments, etc.
SERVICE GÉOGRAPHIQUE DE L'ARMÉE
(DÉPOT DE LA GUERRE)

Par décision ministérielle, M. Henri Charles-Lavauzelle, libraire-éditeur militaire, a été nommé agent direct, chargé de la vente des produits de la guerre. Cette maison est donc à même de fournir toutes les publications de l'état-major général; le catalogue est envoyé *franco*, contre toute demande affranchie et accompagnée de 0 fr. 15 en timbres-poste.

COURS DE TOPOGRAPHIE, à l'usage des officiers et sous-officiers de toutes armes (armée active, réserve, armée territoriale), ouvrage rédigé conformément aux programmes officiels du 30 septembre 1874, par A. LAPLAICHE, professeur de la Société française de physique, de la Société nationale de topographie pratique, ancien professeur de l'Université. — 2 vol. in-32, (5ᵉ édition) :
Le 1ᵉʳ de 120 pages, orné de 140 figures, broché......................... » 35
Relié toile gaufrée........................... » 60
Le 2ᵉ de 128 pages, orné de 66 figures, broché............................ » 35
Relié toile gaufrée........................... » 60
MINISTÈRE DE LA GUERRE. — Ecoles régimentaires. Cours préparatoire. — Topographie — 1 vol. in-18 de 182 pages, avec figures dans le texte, tableaux et carte..... 2 »
NOTIONS sommaires sur l'étude et la lecture des cartes topographiques, par le commandant A. H. — Brochure in-8° avec nombreux plans et dessins................ » 75
VAUCRESSON (A. DE), colonel du 13ᵉ de ligne. Ecole théorique et pratique d'orientation militaire à l'usage des troupes de toutes armes. — In-18.
Broché, 25 cent. — Par la poste............................ » 25
Carte du Tonkin, publié avec l'autorisation de M. le Ministre de la Marine et des Colonies, par M. A. GOUIN, lieutenant de vaisseau. Chromolithographie, format 74/108 cent.... 4 »
CARTE des environs de LIMOGES au $\frac{1}{20,000}$ format 100×80 centimètres.
En feuille... 2 »
Collée sur toile.. 4 »
— et pliée... 5 »
CARTE des terrains de manœuvres de LIMOGES au $\frac{1}{10,000}$, format 59×65 centimètres, imprimée en 4 couleurs.
En feuille... » 75
Collée sur toile... 1 50
— et pliée... 2 25
NOUVELLE CARTE militaire de la France, par le commandant BONETTI, donnant, par région de corps d'armée et par subdivision de région, l'emplacement de toutes les troupes de l'armée active y compris les nouveaux régiments et de l'armée territoriale, les anciennes et nouvelles lignes de chemins de fer, etc.; belle chromo-lithographie en 7 couleurs, avec répertoire et tableaux y annexés, honorée d'un prix du Ministre et couronnée par la Société nationale d'Instruction et d'Education populaires (médaille d'honneur). — Une feuille format grand-colombier, 10ᵉ édition... 2 »
GRAPHIQUES de marche. — Papier quadrillé bleu à 2ᵐ/ᵐ, format 30/40 centimètres, avec traits renforcés dans les deux sens pour indiquer les heures et les distances. La feuille » 08
RAPPORT de reconnaissance, modèle A, conforme au modèle donné à l'instruction pratique sur le Service en campagne n° 72, infanterie, et n° 70, cavalerie; le cent........... 2 »
ENVELOPPES pour lesdits rapports, le cent............................. 2 50
CARNET de manœuvres, solidement relié, avec poche, deux coulisseaux, crayons rouge et bleu, fermant avec caoutchouc soie, contenant un bloc de 100 rapports de reconnaissance et 25 enveloppes à leur usage... 5 »
BLOC de 100 rapports de reconnaissance, modèle A, pour remplacement dans le carnet ci-dessus. *Le dos est préparé pour le collage. Il suffit de l'humecter et de l'appliquer* 2 50
PAPIER BLEU à décalquer indéfiniment, permettant de reproduire simultanément plusieurs copies du même travail. (*Pour obtenir ce résultat, il suffit d'intercaler une feuille de ce papier entre deux feuillets blancs, écrire sur le premier de ces feuillets, et l'on obtient une copie; deux feuilles bleues intercalées reproduisent deux copies, trois feuilles intercalées en donnent trois, plus l'original.*) — La feuille format 0,16/0,21..... » 08
RAPPORT journalier (manœuvres de brigade avec cadres, 12 février 1879)......... » 06
ALIDADE (double décimètre) triangulaire; l'une................................ » 50
BOUSSOLE déclinatoire, 0ᵐ,07 de côté; l'une................................ 1 25

BOUSSOLE déclinatoire, 0ᵐ,07 de côté; à suspension............................ 1 60
Id.   id.   id.   id. et boulons pour carton-planche... 2 »
BOUSSOLE forme montre, cuivre et melchior, 30 millimètres................... 1 »
La même avec arrêt, 35 millimètres................................... 1 55
La même avec arrêt et chape agate, 40 millimètres................... 2 50
CRAYONS de couleur mine bleu, qualité supérieure H.-C.-L............. » 20
    —   —   rouge,   —   » 20
    —   —   bistre, —   » 20
    —   —   vert,   —   » 20
CURVIMÈTRE breveté s. g. d. g. — Instrument de poche destiné à mesurer les lignes droite, courbes ou brisées sur les plans et cartes géographiques; indispensable aux officiers, ingénieurs, architectes et géomètres. — Prix........................... 1 50
CURVIMÈTRE à cadran servant à mesurer instantanément et sans report à l'échelle les distances sur les cartes géographiques et les plans quelles que soient leurs échelles, prix avec étui... 7 50
PODOMÈTRE, 16 lignes, boîte métal nickelé à fond, mouvement cuivre à deux aiguilles, cadran émail à zone couleur, MARCHE GARANTIE et rendu *franco*................ 16 »
POCHE A CARTES en taffetas transparent et imperméable, à faces quadrillées.
(L'une des faces est divisée en centimètres et en demi-centimètres, l'autre en carrés renforcés ayant 0,0125 de côté et chacun de ces côtés en quatre parties égales; cette disposition permet de calculer les distances sans le secours du compas ni d'aucun autre instrument sur une carte d'échelle quelconque, depuis le 1/1,000 jusqu'au 1/1,000,000, y compris, par conséquent, les échelles les plus usuelles de 1/20,000, 1/40,000, 1/80,000, 1/320,000, 1/50,000, 1/100,000, 1/500,000.)
Modèle de la maison Henri CHARLES-LAVAUZELLE.................... 1 50
POCHE en étoffe transparente, permettant de lire les cartes sur le terrain sans qu'elles puissent être détériorées par la pluie (modèle de l'École de guerre), l'une...... 1 50

Sciences et Arts militaires.

F. ROBERT, ancien professeur à l'Ecole supérieure de guerre, chef d'état-major de la 6ᵉ division d'infanterie.
1ʳᵉ partie, Tactique de combat des grandes unités, volume in-8° de 160 pages avec six planches en chromo-lithographie, hors texte (1885)..................... 4 »
2ᵉ Partie, Tactique appliquée, volume de 216 pages avec 6 planches hors texte en chromolithographie (1887)... 4 »
QUINTEAU (A.). — La Guerre de surprises et d'embuscades. — 2 beaux volumes, grand in-8° d'environ 800 pages, brochés......................... 12 »
BERNARD (H.), colonel du 144ᵉ rég. d'infanterie. — Traité de tactique expérimentale.
Tome I, de 541 avant J.-C. à 1796. — Fort volume grand in-8°................. 7 50
Tome II, de 1797 à 1805.   —   — 7 50
Tome III, de 1806 à 1812.   —   — 7 50
Tome IV, de 1813 à 1814.   —   — 7 50
Tome V, de 1815 à 1854.   —   — 7 50
Tome VI, de 1855 à 1859.   —   — 7 50
FIX (H.-C.), colonel, commandant le 6ᵉ régiment d'infanterie belge. — La statégie appliquée, avec cartes et plans, 2 forts volumes, grand in-8° de 500 pages...... 15 »
DUMONT chef de bataillon au 92ᵉ. — Guide pratique pour la guerre en Algérie, à l'usage des officiers et des sous-officiers. — Brochure in-18 de 96 pages........ 1 25
VAUCRESSON (A. DE), colonel du 13ᵉ de ligne. Règlements sur les exercices et évolutions des troupes à pied en Italie, en Autriche et en Allemagne, traduits, résumés et annotés : Préliminaires. — Bases de l'instruction. — École du soldat. — Armes à feu portatives. Ecole de peloton. — Méthode d'instruction. — Exercices et exemples de combat. — 1 volume in-18 de 450 pages. — Cartonné...................... 2 25
DISCIPLINE DU FEU dans le règlement autrichien sur les manœuvres de l'infanterie. — Broch. in-18.. » 60

Hygiène et Service médical.

MÉDECINE ET MÉDECINS MILITAIRES de l'Armée française en 1888 (Armée active, réserve, armée territoriale). — Volume in-8° de 64 pages.................. 1 50
INSOLATION (DE L'), conseils pratiques pour la prévenir sur les troupes en marche. — Brochure in-32 (2ᵉ édition)..................................... » 25
DAMMIEN, médecin-major de 1ʳᵉ classe au 12ᵉ d'infanterie, et TRUMELET colonel au même régiment. — Cours élémentaire d'hygiène militaire et de secours sanitaires d'improvisation. Seconde édition; brochure in-8° de 112 pages............. » 75
CHARGEMENT DES VOITURES de chirurgie avec deux planches représentant ses côtés droit et gauche. — Décision ministérielle du 20 juin 1881. — Brochure de 48 pages in-8°.. » 30

Hippologie, etc.

TRAITÉ D'ÉQUITATION à l'usage de MM. les officiers d'infanterie et assimilés, par le capitaine Lechevrel, instructeur au 5ᵉ chasseurs. — Volume in-8° de 110 pages............ 2 »

INSTRUCTION spéciale sur l'hygiène des chevaux. — Brochure in-8°........ » 25

VALLON (A). — Abrégé d'hippologie à l'usage des sous-officiers de l'armée, adopté pour l'enseignement de l'hippologie dans l'armée............................... 3 50

COURS abrégé d'hippologie à l'usage des sous-officiers, etc., des corps de troupe à cheval, rédigé par les soins de la commission d'hygiène hippique, approuvé par le Ministre de la guerre le 2 avril 1875. — In-18.. 1 50

ÉTUDES HIPPIQUES du capitaine Bellard du 13ᵉ régiment de chasseurs, brochure in-8° de 200 pages... 2 »

MANUEL de maréchalerie à l'usage des maréchaux ferrants de l'armée, approuvé par le Ministre de la guerre le 12 décembre 1875 (212 pages in-32). Cartonné........... 1 25

Historique des corps de troupe.

M. Henri CHARLES-LAVAUZELLE se met à la disposition de tous les chefs de corps pour publier l'historique de leur régiment dans la série de la *Petite Bibliothèque de l'Armée française.*

HISTORIQUE du 2ᵉ régiment d'infanterie. — In-32 de 118 pages, 2ᵉ édition.
   Broché... » 35
   Richement relié toile.. » 60

HISTORIQUE du 25ᵉ de ligne. — Vol. de 128 pages....................... » 35
   Richement relié en toile.. » 60

HISTORIQUE du 30ᵉ de ligne. — Vol. de 128 pages, broché............... » 35
   Relié toile anglaise.. » 60

HISTORIQUE du 31ᵉ de ligne. — Vol. de 64 pages....................... » 35
   Relié toile... » 60

HISTORIQUE du 35ᵉ de ligne. — Vol. de 112 pages...................... » 35
   Richement relié en toile.. » 60

HISTORIQUE du 56ᵉ de ligne (2ᵉ édition). — Vol. in-32 de 120 p., broché..... » 35
   Richement relié en toile.. » 60

HISTORIQUE du 62ᵉ de ligne (2ᵉ édition). — Vol. in-32 de 96 p., broché..... » 35
   Richement relié toile.. » 60

HISTORIQUE du 64ᵉ de ligne, rédigé d'après les ordres du colonel Deaddé, commandant le régiment — Vol. de 64 pages.. » 35
   Relié toile... » 60

HISTORIQUE du 65ᵉ de ligne, extrait du registre des marches et opérations du régiment. — Volume de 128 pages... » 35
   Relié toile... » 60

HISTORIQUE du 69ᵉ de ligne. — Vol. de 128 pages, broché.............. » 35
   Relié toile... » 60

HISTORIQUE du 71ᵉ de ligne, rédigé d'après les ordres du colonel Lachau, par le capitaine adjudant-major Le Grand. — Vol. de 72 pages................................. » 35
   Relié toile... » 60

HISTORIQUE du 72ᵉ de ligne. — Volume de 128 pages, broché.......... » 35
   Relié toile... » 60

HISTORIQUE du 86ᵉ de ligne. — Vol. de 96 pages..................... » 35
   Richement relié en toile.. » 60

HISTORIQUE du 92ᵉ de ligne, rédigé par le lieutenant Rethoré, sous les auspices de M. le colonel Paquette. — Vol. de 96 pages, broché............................ » 35
   Relié toile... » 60

HISTORIQUE du 94ᵉ de ligne. — Vol. de 128 pages, broché............ » 35
   Relié toile anglaise.. » 60

HISTORIQUE du 10ᵉ bataillon de chasseurs à pied. — Volume de 80 pages..... » 35
   Relié toile... » 60

HISTORIQUE du 3ᵉ zouaves, rédigé d'après les instructions de M. le colonel Lucat, par le lieutenant Duroy... » 35

HISTORIQUE du 3ᵉ régiment du génie, publié avec autorisation du Ministre de la guerre. 2ᵉ édition; 3 volumes, brochés... 1 05
   Richement reliés en toile... 1 80

HISTORIQUE du 1ᵉʳ régiment de spahis. — Vol. de 96 pages............ » 35
   Relié toile anglaise.. » 60

ESQUISSE HISTORIQUE de la gendarmerie française, par H. Delattre. — Belle brochure in-18 de 88 pages... 2 »

LES HAUTES-PYRÉNÉES, étude historique et géographique du département depuis les temps les plus reculés jusqu'à nos jours, avec une description des principales villes ; Tarbes, Bagnères-de-Bigore, Lourdes, etc.; par MM. Bois, capitaine au 76ᵉ d'infanterie et C. Durier, archiviste du département des Hautes-Pyrénées, vol. in-8° de 220 pages............. 3 50

Armées étrangères.

L'ARMÉE PORTUGAISE, par A. Garçon. — Vol. de 108 p., broché............. » 35
  Relié toile... » 60
L'ARMÉE ALLEMANDE, son histoire, son organisation actuelle. — 1 volume in-32 de 128 pages (4ᵉ édition), broché..................................... » 35
  Richement relié en toile anglaise.. » 60
L'ARMÉE SUISSE, son histoire, son organisation actuelle, par Heumann, capitaine instructeur à l'Ecole de Saint-Cyr, officier d'instruction publique, brochure in-32 de 136 pag., broché... » 35
  Richement relié toile.. » 60
L'ARMÉE RUSSE : organisation générale ; le règlement d'infanterie ; le service en campagne ; instruction sur les travaux de campagne. — Tome 1ᵉʳ, brochure de 96 pages, ornée de figures, 2ᵉ édition, broché.. » 35
  Richement relié en toile... » 60
L'ARMÉE BELGE, composition, recrutement, mobilisation, écoles militaires, institut cartographique, armement, manufacture d'armes de Liège, régime intérieur, alimentation, uniformes, système défensif. — 1 volume in-32, de 96 pages, broché............. » 35
  Richement relié en toile anglaise....................................... » 60
L'ARMÉE ANGLAISE, son histoire, son organisation actuelle, par A. Garçon, 1 volume in-32 de 128 pages, broché... » 35
  Richement relié en toile anglaise....................................... » 60
LA MARINE ANGLAISE, histoire, composition, organisation actuelle, par A. Garçon. — Volume in-32 de 96 pages. Broché.. » 35
  Richement relié toile.. » 60
L'ARMÉE ITALIENNE, son organisation actuelle, sa mobilisation. — Volume in 32 de 128 pages, broché.. » 35
  Richement relié en toile anglaise....................................... » 60
L'ARMÉE OTTOMANE CONTEMPORAINE, par Ch. Lebrun-Renaud, volume in-32 de 88 pages... » 35
  Richement relié en toile anglaise....................................... » 60
L'ARMÉE DES PAYS-BAS, notices militaires et géographiques. (Publication de la Réunion des officiers.) — 2 volumes brochés.................... » 70 Reliés. 1 20
L'ARMÉE SUÉDOISE, par le capitaine R. R***. — Vol. de 62 p. Broché........ » 35
P. CHALLIER DE GRANDCHAMPS. — Exposé sommaire de l'organisation militaire et de la situation financière des divers Etats de l'Europe au 31 décembre 1883. Brochure in-32 de 32 pages... » 60

Emplois civils.

ENFANTS DE TROUPE.

* INSTRUCTION sur les emplois civils réservés aux sous-officiers, à l'usage des militaires de la Gendarmerie ; broch. in-32 de 96 pages............................ » 50
* INSTRUCTION pour les conditions d'admission des enfants de troupe, brochure in-32 de 32 pages.. » 50
INSTRUCTION DU 17 MARS 1888 sur les emplois civils et militaires réservés aux sous-officiers des armées de terre et de mer. — Brochure in-18 de 44 pages.......... » 50
14ᵉ LISTE des sous-officiers candidats à des emplois civils et militaires, classés le 4 février 1888 par la commission instituée en vertu de l'article 8 de la loi du 24 juillet 1873, brochure in-32 de 40 pages, net et *franco*.......................... » 50
* GUIDE des candidats à l'emploi de commissaire de surveillance administrative des chemins de fer, conforme aux derniers règlements officiels, broch. in-32 de 16 pag. » 50
* GUIDE des candidats aux emplois de commissaire de police et d'inspecteur spécial de la police des chemins de fer, conforme aux dernières instructions ministérielles, broch. in-32 de 16 pages...................................... » 50
MANUEL DU CANDIDAT à l'emploi de commissaire de surveillance administrative des chemins de fer par A. Laplaiche (3ᵉ édition). — Volume in-12 avec 63 figures dans le texte, broché.. 7 50
  Relié en percaline... 8 50

RECUEIL COMPLET avec notes et commentaires des lois, décrets, circulaires, décisions et instructions ministérielles en vigueur, établissant les droits des sous-officiers en matière de rengagement et mariage, retraite et admissions aux emplois civils. — 2 vol. in 32.
Broché.. » 70
Richement reliés en toile anglaise.. 1 20

Littérature.

* L'ÉCUYER MAGNÉTISEUR, par E. T. — Volume in-18 de 352 pages............. 3 »
* LA FILLE DU LIEUTENANT, traduit de l'anglais par G. Herbignac. — Volume in-18 de 430 pages... 3 50
* PÉCHÉS D'ÉCOLE. Carnet d'un artilleur, par Étoupille. — Vol. in-18 de 226 pages. 3 50
* CONTES D'AMOUR ET DE BIVOUAC, par Ch. de Bys. — Volume in-18 jésus de 276 pages, luxueusement imprimé avec 10 gravures hors texte................... 3 50
* PÉCHÉS DE GARNISON, par E. T..., joli volume in-18 de 304 pages, luxueusement imprimé.. 3 »
* NOUVEAUX PÉCHÉS, par E. T...— Vol. in-18 de 350 pages, luxueusement imprimé. 3 50
* SOUVENIRS DE SAINT-CYR, 1re année, par A. Teller (Esquisses de la vie militaire en France), joli vol. in-18 de 252 pag., rich' imprimé sur papier de luxe (11e édition). 3 »
* SOUVENIR DE SAINT-CYR (2e année) par le même, joli volume in-18 de 288 pages avec de magnifiques gravures dans le texte................................... 3 50
* LES SAINT-CYRIENNES, poésies par Fernand Bernard, avec splendides gravures dans le texte et hors texte. — Volume in-18 de 216 pages....................... 3 »
* MI AIME A VOUS, Dans le Midi, Sous les Hortensias, Fanfreluche et Beaucouset. Volume in-18 de 292 pages.. 3 50
* LA LANGUE VERTE DU TROUPIER, belle brochure in-18 de 92 pages, avec préface de M. Raoul Bonnery, membre de la Société des Gens de lettres (2e édition).......... 2 »
* STANCES D'UN VOLONTAIRE, par Paul de Tournefort. — Poésies patriotiques en une charmante brochure in-8° de 36 pages, imprimée avec luxe, honorée d'une souscription du ministère de la guerre (3e édition)....................................... 1 »
* PATRIE! Poésie, brochure in-8°, par Marcel Poullin....................... » 50
* QUI VIVE? FRANCE! Poésie patriotique, plaquette in-8°................. » 20
* LES FREDONS, poésies par Alexandre Vallet. — Vol. de 136 pages.......... 3 »
* FRATERNITÉ, par L. des Bouffioles. — Roman philosophique, social et militaire; la Famille, la Patrie française, la guerre contre l'Allemagne, Sursum corda! couronné par la Société d'encouragement au Bien. — Un volume in-18........................... 2 50
* AVENTURES DE TROIS CANONNIERS, recueillies par un quatrième, par P. Noel. — Volume in-18 de 338 pages... 3 »

Divers.

* GUIDE à l'usage des officiers des bataillons de douaniers, par L. Pierre. — Volume in-32 de 108 pages... 1 50
* LES FORTS ET LA MÉLINITE. — Volume in-18 de 64 pages................. 1 25
* RÉGLEMENT du 23 mai 1887 sur le service des armées allemandes en campagne. — Volume in-32 de 230 pages. Relié toile................................ 2 50
* EXTRAIT DE L'INSTRUCTION GÉNÉRALE sur le services des Postes avec des notes et commentaires, par Roger Barbaud, sous-inspecteur des Postes et Télégraphes. — Volume in-32 de 312 pages... 2 »
* MANUEL DES CANDIDATS au surnumérariat des Postes et Télégraphes, par Roger Barbaud, sous-inspecteur des Postes et Télégraphes, payeur de la 23e division d'infanterie. Volume in-32 de 320 pages.. 2 »
* VADE-MECUM du vaguemestre, par Roger Barbaud, sous-inspecteur des Postes et Télégraphes, payeur de la 23e division d'infanterie. — Volume in-32 de 312 pages...... 2 »
* LA LIBERTÉ DU MARIAGE DES OFFICIERS, par H. Marchant. — Brochure in-8° de 24 pages.. 1 »
* LA PROCHAINE GUERRE FRANCO-ALLEMANDE, réponse au colonel Kœttschau, par un Zouave en activité de service. — Volume in-8° de 48 pages................ 1 »
* L'ARMÉE FRANÇAISE en 1887, par le général T... — Vol. in-18 jésus de 204 pages 3 »
* L'INFANTERIE FRANÇAISE en 1887 (extrait de la Revue d'Infanterie). — Brochure in-8° de 36 pages......
* LE 12e CORPS D'ARMÉE et les manœuvres de 1886, par M. Ardouin-Dumazet. — 1 vol. in-8° de 308 pages, avec douze croquis de la marche des opérations et une photographie des officiers étrangers... 3 50
* PROJET DE LOI ORGANIQUE MILITAIRE, présenté au nom de M. Jules Grévy, président

PAPIER A LETTRE ANGLAIS

La boîte de 100 feuilles. . . . . 0 fr. 75
—   —   avec bordure deuil. 1 15
La Boîte de 100 Enveloppes. 1 25
—   —   avec bordure deuil. 1 40
Cartes pour correspondance, format des enveloppes
       la boîte de 100. . . . . . . 1 60

N. B. — Ce papier, fabriqué spécialement pour notre Maison, ainsi que le prouve la marque imprimée dans la pâte même, est cédé au prix de revient. C'est donc, en réalité, une prime que nous offrons à ceux de nos clients qui veulent bien nous honorer de leur confiance et nous réserver la faveur de leurs ordres.

Pour le papier et les enveloppes deuil, on est prié de spécifier la largeur de la bordure qui peut être de 5, 7, 9 ou 12 milimètres, au gré du client.

Est envoyée *franco* toute commande de : 4 boîtes de papiers et 3 boîtes d'enveloppes ; 2 boîtes de papier, 2 boîtes de cartes et 3 d'enveloppes ; 4 boîtes de cartes et 4 boîtes d'enveloppes (chaque envoi combiné ainsi forme un colis postal).

PARIS ET LIMOGES. — IMPR MILITAIRE HENRI CHARLES-LAVAUZELLE.

www.ingramcontent.com/pod-product-compliance
Lightning Source LLC
Chambersburg PA
CBHW052045270326
41931CB00012B/2635

9 782019 921507